Veuve Cliquot or Pommerts Plum Ruinart
Mumm

Tarlant Billecart, &
Côtes des Blancs .. Chai
 Lal'
 Aqu....
Hautvillers. Abbey tomb D. Per.
Epernay   Noët.

4-8 June?
Kate 23-26 sept - 30-3 oct sept K/N

HOLYROOD
 Charles Phillipe — exiled Comte d'Artois
younger brother of executed Louis XVI 1796
failed to restore French monarchy sought
sanction in 1830-32 — + his 2 grandkids who
practiced archery en gdn

BIR

Ed.-BHX 3.15 → Centre Parks Thurs 27 FLYB DM740F
EM - Ed. 8pm   Monday FLYBE XIHZAD.
Centre Parks. 894147

Mon Histoire

Portrait en couverture : Pierre-Marie Valat

Titre original : *Mary, Queen of Scots. Queen without a country.*
Édition originale publiée par Scholastic Inc.,
557 Broadway, New York, NY 10012, USA.
© Kathryn Lasky, 2002, pour le texte
© Gallimard Jeunesse, 2007, pour la traduction française

Kathryn Lasky

Marie Stuart

REINE D'ÉCOSSE À LA COUR
DE FRANCE
1553-1554

Traduit de l'anglais
par Julie Lafon

GALLIMARD JEUNESSE

9 décembre 1553
Château de Saint-Germain-en-Laye,
Val de Seine, France

Aujourd'hui, sans que je sache pourquoi, les chiffres se bousculent dans ma tête tandis que je noircis la première page du journal que ma chère mère m'a offert hier, à l'occasion de mon anniversaire. J'ai donc onze ans et un jour. J'ai été princesse durant dix mois et un jour seulement. Mais je suis reine depuis dix ans, trois mois et un jour. Je n'étais qu'un tout petit enfant lorsqu'on m'a couronnée, avant même que je sache marcher. On m'a raconté que je me redressais en m'agrippant au pied d'une table, d'une chaise, ou aux tapisseries qui ornaient les murs du château. Je m'appelle Marie et je suis reine d'Écosse, pourtant je vis loin de ma patrie, ici, en France.

Il aurait pu en être tout autrement : j'aurais bien pu ne jamais fêter mon onzième anniversaire. À une époque, j'étais promise à Édouard VI, roi d'Angleterre, conformément au traité de Greenwich. Mais ce dernier a été annulé : tant mieux, car Édouard est mort il y a six mois, à l'âge de seize ans. À présent, je dois épouser François, fils d'Henri II, roi de France, et de Catherine de Médicis. Cette décision a été prise après l'annulation du traité avec l'Angleterre, et c'est pourquoi je vis ici depuis l'âge de cinq ans. Ainsi, je peux assimiler les coutumes de la cour française. Et puis, François et moi, nous pourrons être bons amis avant de devenir mari et femme. Nous sommes d'ailleurs déjà les meilleurs amis du monde et n'avons pas à nous inquiéter du mariage avant longtemps, pas avant mes treize ans au moins.

Je dois y aller car mes oncles, les Guise, sont attendus pour le déjeuner. Ils arrivent pour mon anniversaire avec un jour de retard car les routes entre ici et Meudon sont impraticables en raison des averses. Ma vieille nourrice, Janet Sinclair, va être dans tous ses états si je ne suis pas bien coiffée. J'ai des cheveux roux qui tirent sur le blond, un feu pâle en quelque sorte. On dit que c'est mon principal atout. À mon avis, ce ne sont que des cheveux, et, reine ou pas, les entretenir me demande trop de temps.

P.-S. À propos de cette histoire de chiffres, comment ai-je pu oublier de préciser que mon numéro fétiche est le quatre ? Pourquoi cela, me direz-vous ? À cause des quatre Marie, mes meilleures amies qui sont aussi mes dames de compagnie depuis mon plus jeune âge. Elles ont quitté l'Écosse pour me suivre ici, en France. Il y a Marie Seton, Marie Fleming, Marie Beaton, et Marie Livingston. On les surnomme les Marie de la reine. Je les considère un peu comme mon trèfle à quatre feuilles.

10 Décembre 1553

Mes oncles et ma tante, les Guise – François le guerrier, sa femme, Anne d'Este, qui doit accoucher au printemps, et Charles, le cardinal de Lorraine –, m'attendaient. Par chance, j'avais passé du temps à me coiffer, ou plutôt c'est ma femme de chambre, Minette, qui s'en était chargée : ma grand-mère maternelle, Antoinette de Bourbon, m'a offert un diadème en diamants que Minette a fixé sur mes tresses.

– Charmante ! se sont exclamés mes oncles et ma tante comme j'entrais dans le salon, et j'ai senti mon visage s'empourprer.

Ces émotions soudaines sont un handicap terrible pour les teints pâles comme le mien. Rien à voir avec le fard qu'appliquent les dames de la cour. On dirait que mes joues prennent feu et je ne peux absolument pas le contrôler. Passons. Ma tante m'a apporté plusieurs toises de brocart : elle prétend que je grandis trop vite et qu'il me faudra bientôt de nouvelles robes de bal. Janet Sinclair, ma nourrice, a poussé un soupir de ravissement à l'idée de me voir virevolter dans ce tissu doré, mais j'ai vu Mme de Parois, ma gouvernante, faire la grimace. C'est une femme ennuyeuse, et méchante de surcroît, dotée d'un esprit étroit, et dont le visage blafard et bouffi évoque de la pâte à pain. La notion de plaisir lui est étrangère, et elle a toujours l'air de penser que les gens se distraient à ses dépens. À la regarder, on aurait pu croire que c'était elle qui avait payé ce tissu et non mes oncles.

Je peux presque deviner ce qu'ils vont me dire avant même qu'ils aient ouvert la bouche. Mon oncle François, qu'on surnomme le Balafré en raison d'une blessure reçue lors du siège de Boulogne en 1545, me demande toujours si ma mère, Marie de Guise, m'a écrit, auquel cas il exige de voir ses lettres. Mère ne veut pas que je les montre à quiconque. Il est des sujets dont on ne peut discuter qu'entre mère et fille. Mais mon oncle François se montre toujours très pressant, aussi avons-nous trouvé une astuce. Mère m'envoie de fausses lettres que je suis censée remettre à mon oncle. C'est assez retors, je l'admets. Je n'aime pas l'idée de jouer des tours à mon oncle, mais je suis si loin de ma mère et j'ai été privée d'elle pendant tant d'années, que j'ai besoin de préserver notre jardin secret.

Mon oncle le cardinal s'enquiert toujours de mes études, et en particulier de mes progrès en latin. Ils m'aiment tous énormément et me félicitent sans cesse. Même mon oncle François, avec sa cicatrice en travers de la joue, pareille à un éclair déchirant le ciel : quand j'entre dans la pièce, son regard s'adoucit. Je suis très aimée de mes oncles et de ma tante, ainsi que des enfants de la reine Catherine et du roi Henri, les princesses Claude et Élisabeth, le Dauphin François, et les petits. Alors pourquoi ai-je encore le mal du pays? Pourquoi le départ de ma mère m'affecte-t-il comme si c'était hier? Cela fait pourtant deux ans qu'elle m'a laissée.

P.-S. J'ai oublié de préciser que ma tante Anne, en plus du brocart, m'a offert une petite chienne au pelage doré. Avec les quatre Marie, nous avons maintenant six chiens! Cette chienne-là est si petite qu'elle tient dans mon manchon! Elle est adorable. J'ai décidé de la baptiser Plume tant elle est légère.

11 Décembre 1553
Sur les toits du château

Mes oncles sont toujours au château. Nous avons donné un petit bal hier soir. Ma tante Anne est un cavalier idéal: ensemble, nous trouvons sans mal la bonne cadence. En revanche, François est un piètre danseur. Il n'a aucun sens du rythme et manque de souffle pour sauter pendant les gaillardes. Il faut toujours qu'il se repose après une pavane ou une gaillarde. En ce moment, le roi et la reine séjournent au château de Fontainebleau, c'est pourquoi nous n'avons pas donné de grand bal. La soirée a été fort joyeuse, et le chef pâtissier m'a préparé un autre gâteau d'anniversaire orné de chardons et de campanules en sucre, ces fleurs qui sont les emblèmes de l'Écosse. En mordant dans ma part de gâteau, je me suis demandé si je les reverrais un jour. Les fleurs françaises sont plus délicates, mais j'ai la nostalgie des fleurs piquantes de mon pays natal. Je m'en souviens parfaitement, bien que personne ne veuille me croire.

J'ai appris dans un livre qu'il existe un oiseau, le coucou, qui pond ses œufs dans les nids d'autres espèces. Une fois les œufs éclos, les petits sont élevés par d'autres parents que les leurs. Parfois, je me demande s'ils souffrent de ne pas voir leur mère, tout comme moi. La mienne me manque terriblement. Cela fait deux ans, trois mois et dix jours que je ne l'ai pas vue. Elle était venue d'Écosse pour me rendre visite. C'était la première fois que je la revoyais depuis mon départ. Elle m'a donné un médaillon renfermant son portrait, que je porte autour du cou. Elle me manque particulièrement à l'occasion de mon anniversaire, c'est pourquoi, souvent, je préfère rester seule ce jour-là, voire le lendemain. Je suis donc venue me réfugier ici, sur les toits du château. J'ai glissé dans ma poche, enroulée dans un mouchoir, une galette aux pommes encore chaude. Ma mère me manque mais je me sens beaucoup mieux ici. Même les Marie savent qu'il faut me laisser seule dans ces moments-là.

Je me trouve dans un jardin suspendu agrémenté d'énormes bacs à fleurs et d'arbustes en pots qui fleurissent au printemps et en été. À cette époque de l'année, ils sont emmitouflés dans des linges épais qui les protègent du froid. On dirait de petites créatures recroquevillées sur elles-mêmes qui luttent contre le vent glacial. Quant à moi, je suis bien au chaud. Je porte la tenue traditionnelle écossaise qui se compose d'une tunique, que nous appelons *leine* – celle-ci est teinte en orange vif –, et d'un long morceau d'étoffe rectangulaire, ou *brat*, qui se porte comme une cape. Sur mes épaules, j'ai jeté une peau de loup qui me protège du froid et du vent. Les Français considèrent que c'est un accoutrement de barbare – c'est d'ailleurs le terme qu'emploie Mme de Parois. Mais moi, j'aime beaucoup cette tenue.

Ici, dans ce jardin suspendu entre ciel et terre, les coudes appuyés sur le parapet en pierre, je contemple les méandres de la Seine en contrebas. Vue d'ici, elle évoque un ruban de satin noir dans la lumière hivernale, et le château se reflète sur sa surface tremblotante. Il semble presque irréel, un vrai palais de conte de fées. Ce n'est pourtant qu'un édifice de pierre dans lequel vivent, non pas des créatures magiques, mais un roi majestueux flanqué d'une reine irascible, courte sur pattes, et de leurs six enfants qui sont mes camarades de jeu et d'étude. Nous dansons, chassons et faisons des glissades ensemble. Bien sûr, certains d'entre eux ne sont encore que de tout petits enfants, et ne peuvent donc pas partager toutes nos activités. Mais nous leur apprenons. Marie Beaton est une fille robuste, si bien qu'elle peut patiner avec un garçonnet attaché dans le dos. Le petit Charles adore ce jeu. Il lui donne des coups de talon, tel un cavalier sur sa monture, en criant « hue ! », ce qui la fait rire aux éclats.

12 Décembre 1553

*T*ous les enfants sont au comble de l'excitation. François a été le premier à m'annoncer la formidable nouvelle. Ce matin, il est entré comme un ouragan dans ma chambre et a manqué faire tomber Minette qui était occupée à me coiffer.

– Nous partons pour Anet ! s'est-il écrié.

Les princesses Claude et Élisabeth sont entrées à sa suite en poussant des cris de joie. Anet est sans doute notre résidence favorite, car c'est le château de Diane de Poitiers, la maîtresse du roi. Diane est la femme la plus ravissante, la plus adorable du monde. Malgré sa beauté et son élégance, elle semble comprendre les enfants mieux que quiconque. Elle n'est guère jeune – elle approche de la cinquantaine – mais elle joue avec nous comme une enfant de douze ans. Elle invente les jeux les plus incroyables, des tournois et des chasses aux trésors semées d'indices.

– Pourquoi ? ai-je demandé. Pourquoi Anet ? Je croyais que nous étions censés nous rendre directement au château de Blois afin de rejoindre le roi et la reine pour les vacances.

– Nous ferons un détour, a répondu Élisabeth. Nous pourrions tomber malades en chemin, aussi devrons-nous passer par Anet. Ce sera plus sûr.

– Que dira la reine ?

François a haussé ses maigres épaules, les paumes tournées vers le ciel, en me toisant comme si j'étais stupide :

– Elle ne veut pas notre mort. Mieux vaut Diane de Poitiers qu'une épidémie.

Nous avons tous éclaté de rire : nous savons bien que dans l'esprit de Catherine de Médicis, Diane est presque aussi dangereuse que la peste.

13 Décembre 1553
À bord de la barge royale, sur la Seine, en route pour Anet

Nous avons largué les amarres avant l'aube et depuis, je n'ai pas quitté le pont. Il fait froid mais j'ai mon manchon, à l'intérieur duquel est nichée Plume. Oui, l'adorable petite chienne que m'a donnée ma tante Anne tient dans mon manchon, et seule dépasse sa truffe rose. Je sens son petit cœur battre dans mes mains. Ce voyage sur la rivière me met en joie. J'aime regarder le ciel nocturne s'éclaircir et l'obscurité laisser place au jour gris. Ils n'ont pas autorisé François à rester sur le pont car ils craignent qu'il attrape un rhume ou pire, qu'il contracte une fièvre. C'est horrible quand il a la fièvre. D'abord il se met à frissonner puis l'instant d'après, il transpire à grosses gouttes et il souffre de terribles crampes aux jambes. Mais la princesse Élisabeth me tient compagnie, ainsi que trois des quatre Marie. Marie Fleming est paresseuse et ne se lève jamais avant le soleil. Nous sommes toutes en train de noircir les pages de nos journaux respectifs. Élisabeth n'a que huit ans mais c'est une enfant très mûre pour son âge. Comme elle aime imiter les grandes, elle tient elle aussi son journal, installée juste à côté de moi. Elle nous demande sans cesse d'épeler les mots pour elle.

Plus tard

J'étais si enthousiaste à l'idée de me rendre à Anet et de voir cette chère Diane que j'ai oublié de mentionner une nouvelle encore plus formidable. Avant le départ de mes oncles et de ma tante, il a été décidé que j'aurais ma propre maisonnée ! Lorsqu'on a évoqué le sujet pour la première fois, il y a quelques mois de cela, je me suis inquiétée. J'ai cru que je ne pourrais plus jamais voir les enfants du roi, qu'on m'installerait dans une demeure ou un château à l'écart, comme Diane de Poitiers. Le roi Henri est toujours en train de lui faire aménager un nouveau château et elle ne reste que rarement avec nous. Mais il en ira autrement pour moi. Cela signifie en réalité que j'aurai mes propres domestiques payés par le trésor d'Écosse. Mes oncles estiment qu'on me traite comme une pauvresse ou, plus précisément, que la reine mère me traite comme telle. Mais d'après ce qu'on m'a dit, il y a de grandes chances que l'on me donne, non seulement une lingère, mais aussi un chambellan. Ce dernier me serait d'une grande aide pour organiser toutes sortes de divertissements, ce qui est bien mon intention. Je compte donner mes propres bals, ainsi que des parties de chasse et des dîners. C'est moi qui déciderai de tout, de la nourriture aux décorations. Je vais devoir engager un bon chef pâtissier. J'organiserai aussi des journées consacrées aux glissades et à la fauconnerie. J'espère que ma mère me laissera prendre maître Rufus comme chambellan car, malgré son grand âge, c'est un homme bon et juste. D'ailleurs, j'ai appelé mon faucon comme lui.

14 Décembre 1553
Château d'Anet

Je suis si fatiguée que j'ai peine à écrire. Mais quel plaisir d'être ici ! Arriver au clair de lune et se jeter dans les bras aimants de notre Diane, voilà ma définition du paradis… Un paradis païen, si j'ose dire. Bien que Diane soit une fervente catholique, ses emblèmes sont ceux de la déesse grecque de la Chasse et de la Lune, dont elle tient son prénom. À mesure que nous approchions, notre excitation allait grandissant. Même les très jeunes enfants, Charles et le petit Henri, poussaient des cris de joie. C'était à celui qui verrait le premier les bois du cerf briller dans l'obscurité. Car, perché au sommet du portique à l'entrée du château, un magnifique cerf taillé dans la pierre déploie son immense ramure. Il est flanqué, de chaque côté, d'un chien de chasse. Tout le château a été bâti en pierre de Vernon, dont la blancheur est striée çà et là de jais, les couleurs de Diane de Poitiers. Par cette nuit de pleine lune, le château brillait dans la pénombre avec une intensité à couper le souffle. Soudain, nous nous sommes tus en apercevant Diane. Elle se tenait sous le portique, immobile dans sa robe blanche brodée de croissants argentés. Ses lévriers au poil lustré étaient couchés à ses pieds. Sa peau était lumineuse sous le clair de lune. Je crois que nous en avons tous oublié de respirer, même les petits. Aucune femme ne se compare à elle ici-bas.

Diane est la seule dame de la cour qui ne porte pas de maquillage. Sa peau est si blanche qu'elle n'a pas besoin de poudre et l'éclat rose de ses joues ne doit rien au fard. Les plus folles rumeurs circulent au sujet de sa beauté. Certains la qualifient de « magique » ou « d'infernale », et parlent de sorcellerie, de mixtures à base d'or liquide et d'ingrédients bizarres. D'autres prétendent qu'elle se baigne dans du lait d'ânesse. Mais moi, je connais son secret et j'essaie de le mettre en pratique autant que possible, même si parfois je manque de courage. Diane se lave quotidiennement à l'eau glacée, allant même jusqu'à prendre deux bains par jour. Par ailleurs, elle fait beaucoup d'exercice. À la cour, on se lave une à deux fois par mois, pas plus. La reine Catherine considère que c'est une perte de temps stupide, aussi m'interdit-elle de suivre l'exemple de Diane. Mais maintenant que je dispose de mes propres gens, j'ai l'intention d'appliquer ces principes à la lettre. Diane a près de cinquante ans et on lui en donne à peine vingt, tandis que la reine est beaucoup plus jeune et en paraît plus de cinquante. À présent, je dois me mettre au lit : j'ai l'intention de me lever tôt afin de prendre un bain d'eau froide avec Diane, puis nous irons nous promener à cheval dans le parc et les bois alentour.

P.-S. Diane est tombée sous le charme de Plume, bien qu'en général, elle ait un faible pour les lévriers.

16 Décembre 1553

J'aimerais tant rester toujours auprès de Diane ! Ici, j'ai l'impression que le temps s'est arrêté. Nous, les enfants, occupons toute son attention, ce qui fait de nous les personnages les plus importants du château d'Anet. Elle lit attentivement les comptes-rendus de nos précepteurs et n'ignore rien de nos progrès individuels.

Diane sait, par exemple, que François, Marie Livingston et moi-même excellons en latin, en grec et en catéchisme, mais que nous avons des difficultés à assimiler les fractions. Elle a mis au point une méthode des plus ingénieuses pour nous expliquer comment les additionner. Après avoir découpé une feuille de papier pour lui donner la forme d'une tarte, elle a dessiné des parts puis elle nous a fait additionner ou soustraire un quart, un tiers, un huitième. Nous avons même travaillé avec des dénominateurs différents, ce dont nous étions incapables jusqu'alors. Mais elle nous a très bien expliqué le principe du dénominateur commun et pour nous récompenser de nos efforts, elle nous a fait porter par son chambellan, M. Benoît, une vraie tarte aux pommes tout droit sortie du four. Nous avons terminé nos fractions en coupant la tarte.

Avant la leçon, Diane et moi-même nous étions promenées pendant trois heures. François n'a pas pu venir en raison de son rhume. Diane m'a fait monter la grande jument brune pour la première fois car, d'après elle, j'ai beaucoup grandi et mes jambes sont assez longues pour que je me sente à l'aise sur la selle. Les quatre Marie nous ont accompagnées. Ce sont toutes d'excellentes cavalières. Voyez-vous, en Écosse, nous avons passé beaucoup de temps à monter ces petits poneys qui conviennent parfaitement à de jeunes enfants. Diane avait belle allure sur sa jument noire, Jais. Elle porte toujours une tenue d'équitation blanche avec des voiles en mousseline, et elle va aussi vite qu'un homme. La blancheur de son costume contraste avec la robe noire de la jument. J'ai l'impression de suivre ces nuages tourbillonnants dont j'ai entendu parler, qui surgissent de la mer et balayent les plaines.

17 Décembre 1553

Cet après-midi, j'ai exploré le domaine d'Anet. Il y a eu tant de changements depuis notre dernière visite. Le roi a remis à Diane une importante somme d'argent pour restaurer la splendeur du vieux château qui appartenait jadis à son mari, mort depuis longtemps. Cela fait sept ans que l'édifice est en rénovation ! Le plus célèbre architecte de France, Philibert Delorme, a dessiné les nouveaux plans. Les meilleurs artisans venus de toute l'Europe ont sculpté la pierre, travaillé le bois et le verre, doré les plafonds. Chaque porte, chaque grille est marquée du chiffre royal conçu par Henri lui-même : les lettres C et H entrelacées pour Catherine et Henri. Sauf que, si l'on regarde bien, on peut apercevoir le D de Diane formé par les lettres. La reine Catherine, quant à elle, a choisi de ne pas remarquer les D. Elle ne voit donc que son nom à elle entrelacé avec celui d'Henri. Il vaut peut-être mieux pour tout le monde qu'elle continue à s'en persuader. Quant à nous, nous ne sommes pas si bêtes.

20 Décembre 1553
Château de Blois

Notre séjour à Anet était beaucoup trop court. Je m'en souviens maintenant comme d'un éclair dans le ciel, une comète illuminant la nuit. C'est toujours ce genre d'images qui me viennent lorsque je pense à Diane. Des étincelles noires, blanches, argentées qui surgissent constamment dans un recoin de mon esprit. Et n'est-il pas significatif que la garde du roi possède un code particulier pour Diane, Silvius ? Il lui va à ravir. Mon souvenir le plus précieux d'Anet est le suivant : le dernier matin que nous avons passé là-bas, je me suis levée de bonne heure pour retrouver Diane dans la cour avant notre promenade à cheval. Nous nous lavons toujours le visage ensemble dans des seaux que ses femmes de chambre remplissent chaque soir avec l'eau de pluie de la citerne. Ce matin-là, l'eau était recouverte d'une pellicule de glace. J'ai eu un mouvement d'hésitation.

– C'est l'idéal ! s'est écriée Diane en plongeant les mains dans le seau pour casser la glace et s'asperger le visage. Elle a levé la tête, les yeux brillants, les joues ruisselantes. Auriez-vous peur d'un peu de glace, Marie ? a-t-elle demandé.

À ces mots, j'ai plongé la tête entière dans le seau. J'ai entendu son éclat de rire malgré l'eau qui entrait dans mes oreilles ! Je garde ce souvenir en mémoire telle une pierre précieuse. J'ai besoin de me raccrocher à ce genre de souvenir pour supporter l'atmosphère de la cour ici, à Blois. Parfois, cependant, je dois admettre que mon affection pour Diane me fait d'autant plus regretter l'absence de ma mère, comme si je me sentais coupable du plaisir que j'éprouve à être à ses côtés. Je pense à ma mère, seule sans moi, dans son château de pierre en Écosse. J'aimerais lui raconter dans mes lettres ce que je fais avec Diane mais je crains que cela ne l'attriste et cette seule pensée me chagrine. Je dois partir en hâte. Je reprendrai mon récit plus tard.

Plus tard

À Blois, l'air empeste et tout paraît sale en comparaison d'Anet. Mais pire encore que les mauvaises odeurs, il y a le parfum douceâtre de la reine Catherine, qui la précède où qu'elle aille. Je le sens en ce moment même. Elle approche. Ses courtisans se pressent autour d'elle comme des rats. J'entends le craquement de leurs élégantes bottines en cuir de veau, à la mode italienne.

Les Italiens adorent le cuir et, en bonne Italienne, Catherine de Médicis ne déroge pas à la règle. J'entends aussi ses talons qui claquent : elle est toujours perchée sur des talons car c'est une femme minuscule. Une voix s'élève. Crac, clac clac, ouaf ouaf, c'est la « musique » qui précède l'entrée de Catherine de Médicis. Je compte toujours jusqu'à huit avant de laisser mon vieux Rufus ouvrir la porte. Un, deux, trois... Les petits chiens de la reine, qui sont au nombre d'une douzaine, aboient derrière la cloison.

Quinze minutes plus tard

*A*h ! Elle est partie.

La reine était accompagnée de quelques membres de son escorte italienne, dont le signore Cosmo Ruggieri, qui reste dans le sillage écœurant et douceâtre qu'il a créé. Ruggieri est le parfumeur de la reine. Il ne se résume pas seulement à cette fonction, contrairement au signore Renato Bianco, dit René le Florentin, l'autre gentilhomme chargé de créer de nouvelles fragrances pour la reine. Ruggieri excelle aussi dans l'art antique de l'alchimie. Grâce à son érudition, il sait transformer des métaux vils en or. Mais pour l'heure, nous ne connaissons que ses parfums. Il possède un laboratoire à Blois et un autre au palais du Louvre, à Paris. Tous deux ont accès aux appartements royaux par un passage secret, car la reine Catherine exige que la composition de ses parfums reste secrète.

La rumeur prétend que Ruggieri ne crée pas que des parfums pour le compte de la reine. Le nom de Catherine a toujours été lié à des histoires d'empoisonnement et ici, à Blois, dans ses appartements, il existe une pièce, le cabinet de la reine, qui comprend deux cent trente-sept panneaux de bois sculpté. Quatre d'entre eux dissimulent des armoires secrètes pour ses bijoux et ses documents officiels, mais il paraît qu'elles renferment aussi des poisons. Beaucoup estiment que ce n'est pas une rumeur, mais la vérité pure et simple. D'ailleurs, les Italiens sont réputés pour leur grand savoir en matière de poisons subtils.

À en juger par son teint, le signore Ruggieri n'a jamais vu la lumière du jour ou senti le vent sur son visage. Cet homme a l'aspect cireux d'une bougie. Il a la peau jaunâtre et son nez tombant m'évoque une chandelle en train de fondre. Il est effrayant à voir et nous donne la chair de poule. Même Marie Beaton, qui ne craint rien, a peur de lui. À chaque fois que la reine se retire avec ses courtisans, un silence de mort s'ensuit. Quelques minutes après le départ de Catherine de Médicis, Marie Livingston a composé quelques vers fort critiques à son sujet. Les voici :

Catherine de Médicis est grasse comme une oie
Ne cesse de nous dire : « Fais ceci », « Fais cela »

*Avec son alchimiste elle joue les devins
Distille son fiel et scelle nos destins.*

Ce petit poème m'a fait sursauter, je l'avoue. J'ai plongé mon regard dans les grands yeux gris de Marie Livingston, qui sont clairs comme de l'eau :
– Vous pensez donc que c'est vrai ?
– De quoi parlez-vous, Majesté ? a-t-elle demandé avec une inquiétude soudaine.
– De votre dernier vers.
Elle s'est empressée de répondre en riant :
– Oh, Marie, ce ne sont que des mots. Vous connaissez ma manie idiote de jouer avec les mots.
Mais je ne pense pas que Marie Livingston mesure l'étendue de leur pouvoir.

21 Décembre 1553

Je suis stupéfaite. J'avais conscience d'avoir grandi cette année car mes vêtements ne me vont plus, et c'est pourquoi je me suis fait faire une nouvelle robe, mais je n'avais pas mesuré à quel point avant ce soir, à l'occasion du grand bal donné au château. Tout le monde m'a semblé minuscule, même le roi ! À l'occasion d'une pavane avec M. d'Humaniers, j'ai pu admirer le petit rond dégarni au milieu de son crâne. Pieds nus, sans mes pantoufles satinées à talons, je me serais trouvée à sa hauteur.

François n'a pas eu le droit de danser les gaillardes. La reine ne voulait pas qu'il se fatigue. Pourtant, il s'en est bien sorti pendant les pavanes et les menuets. François n'est pas un danseur émérite, mais les pavanes sont un jeu d'enfant. La petite Marie Seton était magnifique dans ma vieille robe brodée d'argent devenue trop petite pour moi. J'ai surpris Mme de Parois en train de l'épier. Elle ne supporte pas que je fasse le moindre cadeau aux quatre Marie qu'elle surnomme « les sauvages ». Elle est intimement convaincue que tout ce qui vient d'Écosse est grossier, barbare et bestial. Mais nous ne nous soucions guère de ce qu'elle pense.

22 Décembre 1553

C'est la meilleure des surprises de Noël ! Ronsard est de retour ! Il était souffrant ces derniers temps, et il nous a beaucoup manqué à Saint-Germain-en-Laye. Mais il est revenu ! Pierre de Ronsard est le plus grand poète de France, et mon précepteur favori. Nous nous entendons à merveille. On devrait inventer un nouveau mot pour désigner l'étincelle, la complicité qui unit deux bons amis. C'est comme si nous nous connaissions depuis toujours. Ronsard est le seul Français de la cour à être déjà allé en Écosse. Avant ma naissance, il s'est présenté à la cour de mon défunt père, le roi Jacques V. Lui, mieux que quiconque, sait d'où je viens et où je retournerai un jour pour monter sur le trône. J'y songe souvent. Car, quand j'épouserai François et qu'il deviendra roi de France, il y aura deux trônes à occuper. J'ignore comment nous allons nous organiser. Enfin, je ne devrais pas m'inquiéter de cela pour l'instant. Je vais retrouver Ronsard : s'il est bien ici, mes leçons sont toujours d'actualité, même si Noël approche.

Plus tard

*I*l tombe des cordes dehors, mais j'ai passé un bon moment avec Ronsard dans la bibliothèque, et il m'a semblé que le soleil brillait. Il a eu l'air enthousiaste quand je lui ai annoncé que j'aurais ma propre maisonnée. Naturellement, nous avons étudié la poésie grecque, sa préférée. Je suis la première lectrice de ses poèmes et il me considère comme sa confidente. Il se consacre tout particulièrement à un type de strophe qui comprend des vers de douze syllabes. C'est très difficile à maîtriser et je n'essaie même pas.

24 Décembre 1553

Les jours qui précèdent Noël me pèsent car à cette époque, ma mère me manque plus que jamais. Nous débutons le jeûne en milieu d'après-midi et nous n'avalons rien avant la fin de la messe de minuit. Je meurs de faim mais mon cœur me fait encore plus souffrir que mon estomac. Je pense à ma mère sans arrêt. Où se trouve-t-elle, au château de Stirling ou de Linlithgow ? J'ai dans l'idée qu'en ce moment même, elle séjourne au prieuré de l'île d'Inchmahome, sur la rive nord du lac Mentieth, à quelques heures de cheval de Stirling. C'est là qu'on m'a emmenée après la bataille de Pinkie Cleugh, au cours de laquelle les Écossais ont été vaincus par les Anglais. Je suis restée cachée pendant trois semaines. Il m'en reste quelques souvenirs alors que je n'avais que quatre ans à l'époque. Je me souviens de Janet Sinclair me réveillant au beau milieu de la nuit pour m'annoncer, le visage un peu trop luisant, l'air nerveux, que nous allions entreprendre un grand voyage. Je me souviens de la brume sur le lac et des moines qui semblèrent surgir du néant tandis que notre bateau accostait la berge. Le prieur en personne m'a prise dans ses bras, et il paraît que j'ai touché son nez en lui demandant pourquoi il était si long !

En cette veille de Noël, j'essaie d'apaiser mon cœur et mon estomac avec ces souvenirs. Je dois remonter jusqu'à une époque lointaine noyée dans les limbes. Je me demande si le brouillard se lèvera un jour, et si mère et moi pourrons sortir ensemble au soleil.

25 Décembre 1553

Je suis encore éveillée. Je n'ai pas réussi à m'endormir après la messe de minuit. J'ai essayé de composer un poème au sujet de l'orangerie. Hier soir, nous avons eu droit à une magnifique surprise. D'ordinaire, après la messe, nous allons tous souper au grand salon. Nous sommes si affamés que nous nous ruons vers la table chargée de mets délicieux. Il y a toujours une oie dorée à la feuille d'or, des huîtres scintillantes dans leurs coquilles et une volaille farcie de marrons. Mais cette année, Ronsard m'a fait signe de le suivre, ainsi que François et les quatre Marie. Nous étions tous morts de faim mais nous nous sommes exécutés.

Il nous a conduits dans l'orangerie. C'est un bâtiment aux parois de verre relié à l'aile sud du château. À l'intérieur, près d'une centaine d'orangers et de citronniers s'épanouissent au cœur de l'hiver, chauffés par la lumière du soleil emprisonnée sous le verre. C'est toujours très excitant de la visiter à cette période de l'année, lorsque les arbres du dehors sont nus et que pas la moindre couleur ne réchauffe le paysage. Hier soir, l'atmosphère était vraiment magique car dehors, il neigeait. D'énormes flocons tournoyaient paresseusement dans les airs et, dans la pénombre de l'orangerie uniquement éclairée par un croissant de lune, on se serait cru dans une contrée extraordinaire. Je faisais corps avec la nuit, inséparable des ténèbres mouchetées de neige, du clair de lune et des oranges à la peau brillante. J'en ai oublié ma faim. J'en ai oublié mon chagrin. Pour la première fois de la journée, je ne pensais pas à ma mère. J'étais simplement heureuse d'être là. Et maintenant, j'essaie de formuler toutes ces impressions dans un poème. C'est une tâche fort difficile.

26 Décembre 1553

Nous avons joué toute la journée. C'est la volonté du roi : pendant les vacances, il aime que nous, les enfants, abandonnions nos leçons pour nous consacrer uniquement au jeu. D'abord nous avons joué aux quilles bretonnes : c'est le meilleur jeu de quilles que je connaisse, mais aussi le plus compliqué. Diane, qui est arrivée hier soir, y joue très mal. En général, François et la reine la battent sans effort. C'est sans doute pour cette raison que cette dernière était de bonne humeur aujourd'hui, et qu'elle a insisté pour continuer à jouer.

Il faisait un soleil radieux et nos serviteurs nous ont apporté du vin chaud que nous avons dégusté dehors.

Il n'existe rien de plus agréable que de savourer une boisson chaude avec les pieds dans la neige. Ensuite François a exigé que nous jouions à colin-maillard. Pour ma part, je n'étais pas très enthousiaste car le roi en profite toujours pour tricher : il soulève un peu son bandeau et s'arrange pour attraper Diane, puis ils se roulent par terre comme si c'était la plaisanterie la plus drôle du monde, et alors la reine entre dans une terrible colère. C'est exactement ce qui s'est produit. Parfois les adultes ont un comportement stupide. Le jeu s'est vite arrêté et nous sommes tous retournés à l'intérieur où nous nous sommes ennuyés à mourir. Alors, François, qui est très doué pour inventer de nouveaux amusements, a décrété que nous allions jouer à un jeu interdit aux adultes. En d'autres termes, un jeu qu'ils réprouveraient. Le nôtre s'appelle : comment allez-vous mourir ? Chacun choisit un personnage célèbre et une arme imaginaire. François opte toujours pour Charlemagne ; pour ma part, je préfère William Wallace, Cœur Vaillant de son surnom. C'est mon héros écossais favori : il a vaincu le roi anglais Édouard Ier qui avait eu l'audace de s'autoproclamer roi d'Écosse. Le jeu consiste à déterminer qui meurt le mieux, de la façon la plus dramatique possible. Tout le monde participe, y compris Élisabeth et Claude, et les petits ont le droit de rester même s'ils sont trop jeunes pour désigner le gagnant. D'ordinaire, nous insistons pour que Minette se joigne à nous bien qu'elle ait ce jeu en horreur, ainsi que le palefrenier de

François et un ou deux valets parmi les plus jeunes. Je sais mourir de façon spectaculaire : je m'écroule sur le sol de telle manière que mon corps a l'air de se casser en deux. François est loin d'être aussi doué que moi. On dirait qu'il a peur de se blesser en tombant. Marie Seton sait bien mourir, elle aussi, bien que son style soit différent du mien. Elle s'affaisse lentement, c'est très efficace.

27 décembre 1553

*O*h, ce cher François est souffrant ! Il a trop présumé de ses forces en jouant hier. Le soir, il était trop fiévreux pour assister au festin de la Saint-Stéphane. Janet Sinclair ne se sentait pas très bien, elle non plus, et elle ne s'est pas montrée. La Saint-Stéphane est l'une de mes fêtes préférées sur les douze jours de célébrations à l'occasion de Noël. Mais ce n'était pas pareil cette année, sans Janet ni François. Pour faire plaisir à la reine, le roi a accepté de danser avec elle une danse rapide, assez étrange, qui vient de son pays d'origine, l'Italie. Pour une femme aussi replète et courtaude, elle danse avec beaucoup de grâce.

Au cours d'une pause entre deux danses, alors que j'étais assise à côté d'elle, Diane de Poitiers est venue la voir et, d'une voix douce, l'a suppliée de se ménager.

– Ne vous inquiétez pas, ma chère ! a répondu la reine

Catherine. Vous savez que je n'ai jamais eu de problème dans ce domaine.

Je n'ai pas compris à quoi elle faisait allusion mais elle semblait apprécier la sollicitude de Diane. Je lui ai demandé la permission d'apporter une coupe de sabayon à François dans ses appartements.

– Oui, ma petite, a-t-elle répondu en me pinçant la joue. Vous êtes si gentille avec François. Vous ferez une excellente épouse.

– Pour l'heure, j'essaie d'être une bonne amie.

Elle a acquiescé mais je n'ai pas réussi à déchiffrer son regard. Je n'aime pas que les gens me parlent de mon mariage avec François. Les quatre Marie savent qu'elles ne doivent jamais aborder le sujet. Je leur ai promis que, même mariée, je ne changerai pas mes habitudes. Elles resteront mes dames de compagnie à la cour et mes meilleures amies, que nous vivions en France ou en Écosse.

28 Décembre 1553

Seigneur, tout va mal, ici ! La reine Catherine a fait une fausse couche. Maintenant je comprends pourquoi Diane était si inquiète. La reine a dansé avec trop d'ardeur. J'ignorais qu'elle était enceinte. Diane est toujours la première informée, c'est elle qui se charge de trouver une sage-femme et une nourrice. Comme c'est curieux ! Bien que la reine soit jalouse de Diane et qu'elle la considère comme une rivale dans le cœur du roi, elle sait que, plus que quiconque, cette dernière a les intérêts de son souverain à cœur. Or, les intérêts du roi et ceux de la reine ne font qu'un : ce sont leurs enfants.

Plus tard

Cet après-midi, je me suis rendue chez François avec pour consigne de ne pas lui parler de la fausse couche de la reine. Je déteste l'idée que les adultes cachent la vérité aux enfants, mais je ferai ce qu'on m'a ordonné. J'ai distrait François en lui demandant de m'aider à organiser ma première réception, maintenant que je dispose de ma propre maisonnée et que je peux dépenser beaucoup plus d'argent. J'ai l'intention de donner un déjeuner le premier jour de la nouvelle année. Mes oncles les Guise seront présents, ainsi que les quatre Marie, bien entendu. Je n'en ai rien dit à François mais j'ai appris avec soulagement que la reine ne pourrait sans doute pas être des nôtres. Nous avons pour l'essentiel discuté de la nourriture. Je lui ai promis qu'il y aurait du sabayon. Je vais engager un chef italien : la reine Catherine a introduit de nouveaux goûts à la cour française, et les meilleurs chefs sont italiens. Ils savent utiliser les aromates. Du moins c'est ce que tout le monde prétend. Comment pourrais-je savoir, moi l'Écossaise fruste nourrie au haggis ? Marie Livingston pense que je devrais convier Mme de Parois à un déjeuner spécial et lui faire servir notre plat traditionnel. J'ai répondu que mon chef risquait de quitter mon service. Voyez-vous, le haggis est un plat un peu barbare, mais les quatre Marie et moi-même l'adorons. C'est une sorte de ragoût composé d'abats de bœuf auxquels on ajoute des rognons d'agneau et qu'on fait bouillir avec de l'avoine dans la panse de la bête. Je sais que cela a l'air immonde mais en réalité, c'est délicieux. Nous servons ce plat avec des navets ou d'autres légumes. Les Français détesteraient !

31 Décembre 1553

Nous sommes le dernier jour de la vieille année. Selon l'habitude de ma mère, aujourd'hui j'ai jeûné et j'ai demandé à voir mon confesseur personnel, le père Mamerot. Malheureusement, avec l'estomac vide, je pense encore plus à ma mère. Ce n'est pas la faim qui me tenaille mais son absence. C'était il y a fort longtemps, pourtant je me rappelle avoir jeûné avec elle.

Le jeûne m'aide à me délester des « petites vanités » et autres « futilités ». Je sais exactement ce que ma mère veut dire par là. Je me détourne des robes de bal en brocart et des petites mesquineries qui ne sont pas dignes de mon rang. Je dois me délivrer de toute bassesse, de toute méchanceté, et ne pas me laisser divertir par les vers impertinents et acerbes de Marie Livingston. Je dois mieux me comporter vis-à-vis de la reine Catherine. J'ai aussi l'intention d'avoir une conversation sérieuse avec les quatre Marie. Ensemble, nous devons faire le serment de ne pas nous moquer de notre prochain et nous efforcer de tirer le meilleur parti des gens tels que Mme de Parois. Je dois montrer l'exemple à mes amies car je suis leur reine, et il est du devoir divin d'un monarque de cultiver un jardin dans lequel sont susceptibles de s'enraciner les plus grandes vertus. J'y ai beaucoup réfléchi et je vais trouver de ce pas le père Mamerot.

2 janvier 1554

Je suis furieuse contre la reine Catherine et Mme de Parois. J'espère que Marie Livingston va leur composer un poème de son cru ! À présent je sais pourquoi Janet Sinclair n'a pas assisté à la fête de la Saint-Stéphane ! Je sais pourquoi elle ne s'est montrée que rarement au grand salon pendant toute la semaine de Noël. C'est parce que la reine Catherine, sur les instances, sans doute, de Mme de Parois, a grandement offensé ma chère nourrice, ma chère Janet Sinclair. À mon insu, cette vulgaire fille de marchand a diminué les gages de Janet et de son mari, John Kemp, qui leur servaient à payer le vin, le bois de chauffage et les bougies.

J'ai bien peur que, même avec ma propre maison, les divergences entre Catherine de Médicis et moi-même ne se creusent encore davantage. Cet antagonisme remonte à loin. Je me souviens, quand je suis arrivée ici, que c'est Diane de Poitiers qui nous a accueillies, moi et les quatre Marie. Elle s'est inclinée en m'appelant « Votre Majesté » et a eu pour moi mille gentillesses qui sont la marque du raffinement chez une grande dame. Le roi et la reine ne devaient arriver que quelques jours plus tard. Lorsque cette grosse femme renfrognée a fait irruption dans la chambre des enfants, j'ignorais à qui j'avais affaire, et j'ai été stupéfaite d'apprendre qu'elle était la mère de François. Elle ne m'a même pas saluée. Alors je me suis levée et, en français, je me suis présentée. Je ne connaissais alors que quelques mots :

– Madame, savez-vous que vous êtes en présence d'une reine ? Je suis la reine d'Écosse.

Catherine de Médicis m'a traitée de petite insolente avant de me demander à son tour si j'avais conscience de me trouver en présence de la souveraine des Français.

Le fait est qu'il n'y a pas assez de place pour deux reines dans un même pays, sans parler d'un palais.

3 janvier 1554

Les autres Marie sont aussi furieuses que moi contre la reine Catherine : elles ont oublié toutes mes belles paroles de l'autre jour, lorsque j'avais encore l'intention de les ramener dans le droit chemin. Marie Livingston m'a demandé l'autorisation de se remettre à composer ses petits poèmes cruels et j'y ai consenti. Ce n'est rien comparé à ce que cette femme a fait à mes gens, à savoir les priver de chaleur et de lumière en confisquant leur bois et leurs bougies.

Mais Marie Fleming, qui est d'une nature timide et prudente, s'est interposée :

– Prenez garde, Marie Livingston. Il ne faudrait pas que la reine Catherine s'enferme dans son cabinet secret.

Nous avons frissonné. Car, même s'il n'avait pas été prononcé, le mot « poison » était dans tous les esprits.

4 janvier 1554

Eh bien, je ne joue plus les coucous car c'est mon propre nid que j'aménage. J'ai à ma disposition deux nouveaux pages et deux nouveaux valets de chambre. Ces derniers nous seront d'une grande aide, je les ai dépêchés au service des quatre Marie : inutile de préciser qu'elles sont aux anges. Maintenant elles pourront organiser des parties de cartes et leurs invités seront servis comme il se doit. J'ai dépêché l'un des nouveaux pages auprès d'elles, afin de porter les messages et d'annoncer leurs visiteurs. J'ai aussi un maître d'hôtel, M. Jallet, chargé de tout l'approvisionnement de la maisonnée, de la nourriture au bois. Janet Sinclair me conseille de trier ma garde-robe, et de mettre de côté ce qui est usé ou trop petit. Marie Fleming est la plus menue des quatre Marie, je compte lui offrir tous mes vêtements encore en bon état mais devenus trop étroits pour moi. Quant au reste, je le partagerai entre les trois autres Marie afin qu'elles en fassent don à leurs serviteurs favoris, ce qui ne manquera pas d'agacer au plus haut point Mme de Parois qui, d'ordinaire, s'arrange pour les donner à ses amis proches en échange de faveurs. Parfois, elle va même jusqu'à les vendre.

5 janvier 1554

Plume a donné naissance à deux minuscules chiots ce matin ! Ils ne sont pas plus grands que des dés à coudre ! Nous sommes toutes surexcitées mais nous craignons que Plume ne donne pas assez de lait. J'ai envoyé M. Jallet chercher une chienne susceptible d'allaiter nos deux petits. Il a paru surpris mais il s'est exécuté de bonne grâce.

Plus tard

Toujours pas de mère nourricière pour nos chiots, mais Marie Beaton a eu une idée lumineuse. Nous trempons du fil à broder dans un bol de lait puis nous le donnons à téter aux deux petits « dés à coudre ».

6 janvier 1554

Hélas, l'un des chiots est mort hier soir juste après notre retour du banquet de minuit donné à l'occasion de la fête des rois. Et dire que pendant que nous dansions, écoutions les ménestrels et admirions les jongleurs, le petit chien était à l'agonie. Nous avons l'intention de l'enterrer dans les règles. Comme c'est triste ! Le deuxième événement que j'organise dans mon nouveau chez moi est un enterrement ! J'ai fait mander mon confesseur, le père Mamerot, afin qu'il nous retrouve aux Champs du Repos, le cimetière pour animaux de Blois.

7 janvier 1554

En raison des funérailles, les quatre Marie, François, Élisabeth, Claude et moi-même, nous avons décidé de reporter la remise des cadeaux à l'occasion de la fête des rois. Aussi les avons-nous échangés ce matin, à l'heure du petit déjeuner. J'ai brodé à l'intention des quatre Marie de petits sacs qu'elles ont adorés. Pour les princesses Élisabeth et Claude, j'ai confectionné des protège-livres car elles vont commencer à étudier le grec et le latin. Mais le cadeau dont j'étais le plus fière était pour François : il s'agit d'un livre lui aussi recouvert de tissu brodé mais dont les pages sont blanches. Sur la première, j'ai écrit, en lettres dorées presque aussi belles que celles du calligraphe royal, les mots suivants : *Le cahier de chasse du Dauphin François*. Dans ces pages, il pourra consigner ses prises. François est un passionné de chasse et il a déjà tué deux sangliers, ce qui est formidable compte tenu de son jeune âge (il n'a pas même onze ans) et de sa constitution fragile. C'est un excellent cavalier et un archer émérite. À notre grande surprise, le roi est arrivé et il nous a donné à chacun un présent, dont un adorable pendentif orné d'un saphir cerclé de perles pour moi. Il m'a aussi témoigné sa sympathie pour le petit chien, ce que j'ai trouvé fort aimable de sa part, et a demandé des nouvelles de l'autre chiot. Ce dernier va bien, à mon grand soulagement. Nous l'avons baptisé Puce.

9 janvier 1554

Nous préparons notre départ pour le palais du Louvre, à Paris. Ce n'est pas notre résidence de prédilection mais heureusement, nous n'y séjournerons que peu de temps, avant de partir pour le château de Chambord, dans la vallée de la Loire, qui est l'un de nos préférés : c'est là que se trouvent nos meilleures montures. Les deux chevaux de François se prénomment Fontaine et Enghien, les miens s'appellent Bravane et Madame La Réale. Les parties de chasse s'étendront sur deux semaines voire plus, puis nous irons à Chenonceau, une autre de nos résidences favorites, où l'on peut généralement faire du patin à glace.

10 janvier 1554

On raconte que nous partons précipitamment pour Paris parce que la reine est en quête d'un nouvel astrologue. Elle est mécontente de Ruggieri car il avait prédit qu'elle donnerait naissance à un garçon robuste et bien portant peu avant qu'elle ne fasse une fausse couche. Il y aurait un autre astrologue soi-disant doté d'immenses pouvoirs de prédiction. Il a pour nom Nostradamus, et il a reçu l'ordre de se présenter au palais du Louvre. On dit même qu'il va s'installer dans le vieil observatoire, ce qui ferait de lui le premier astrologue de la reine. Si Michel Nostradamus sait fabriquer du parfum, Ruggieri se retrouvera certainement sans emploi.

11 janvier 1554

Un corsetier est venu prendre mes mesures pour me confectionner de nouveaux cerceaux. Toutes mes basquines semblent sur le point de tomber en poussière. Elles ne parviennent plus à maintenir mes jupes, et je me prends les pieds dans les plis du tissu qui traîne sur le sol. Aussi en a-t-on commandé huit nouvelles. Elles doivent être fabriquées avec un métal solide. Mais à force de s'occuper de mes robes, nous en avions oublié mes souliers. Beaucoup sont trop petits pour moi ou usés jusqu'à la corde à force de danser. Nous en avons commandé dix nouvelles paires. Janet affirme que je ne peux plus mettre de talons parce que je suis trop grande. Pourtant, j'adore en porter : ils brillent de mille feux quand je danse car les cordonniers y incrustent de petites pierres précieuses. J'ai aussi besoin de nouveaux gants. J'ai demandé à ce qu'ils soient rebrodés de chardons et de campanules, les fleurs de mon pays natal.

17 janvier 1554
Palais du Louvre, Paris

Maître Clouet, le peintre de la cour, travaille ici même sur les portraits royaux des princesses Élisabeth et Claude. Il se montre très gentil envers nous tous, les enfants, et trouve toujours le temps de nous aider dans nos dessins. J'ai décidé de faire un portrait de Plume et de Puce, et il a accepté de me prêter main-forte.

De nombreuses rumeurs circulent au sujet de ce Nostradamus. François, qui l'a rencontré, affirme qu'il est bien plus aimable que Ruggieri. Et il prétend qu'il a vraiment le regard d'un devin. Je lui ai demandé ce qu'il voulait dire par là, mais il s'est contenté de répondre qu'il fallait que je voie cela par moi-même. Les yeux de cet homme-là ne peuvent se décrire. Les quatre Marie et moi sommes terriblement impatientes de le rencontrer. La reine Catherine lui fait faire le thème astral de chacun de ses enfants. J'espère qu'il n'a pas fait allusion à la date de mon futur mariage avec François. Pour l'heure, je n'ai aucune envie d'en entendre parler.

18 janvier 1554

Mes oncles sont ici pour débattre d'affaires sérieuses avec le roi Henri, concernant la ratification de documents extrêmement importants qui feraient de ma mère la régente d'Écosse jusqu'à mes dix-huit ans. Alors, je serai en âge de gouverner seule.

Le roi Henri m'a consultée au sujet de la conversation qu'il a eue avec mes oncles. Oui, il est venu vers moi et m'a parlé comme il l'aurait fait avec un souverain plus âgé. Dans une lettre que j'ai reçue peu après mon arrivée ici, ma mère évoque son désir de faire du roi Henri ainsi que de mes oncles les Guise mes tuteurs officiels. Je dois signer ces documents pour qu'elle puisse devenir régente, c'est-à-dire celle qui régnera sur l'Écosse tant que je ne suis pas en âge de le faire. Le roi m'a expliqué ce que signifiera cette tutelle. Il devra s'assurer de mon bien-être et de ma sécurité jour et nuit : n'avais-je pas neuf ans lorsqu'on a conspiré pour m'empoisonner ? Il devra également continuer à choisir mes précepteurs. Mais nous savons tous deux qu'en réalité, c'est Diane qui s'acquitte de cette tâche. Je me suis entraînée à signer mon nom pendant toute la matinée car il ne faudrait pas que je fasse des pâtés sur des documents aussi importants.

Plus tard

Ces papiers ne seront pas signés avant plusieurs semaines. Il semble qu'il y ait un problème avec le comte d'Arran, aussi connu sous le titre de duc de Châtellerault, qui est chargé de gouverner l'Écosse et de la représenter en France. À une époque, il espérait me marier avec son fils. Dieu merci, il n'en sera rien car ce dernier est simple d'esprit.

---

19 janvier 1554

J'ai enfin rencontré Nostradamus. François a raison. Le regard de cet homme est indescriptible. Je m'attendais à ce qu'il ait des yeux noirs et perçants mais en réalité, ils sont gris pâle et quand on s'y plonge, on a l'impression de se perdre dans l'immensité du ciel, voire du cosmos tout entier. Dans ces yeux-là, on trouve à la fois la terre, le ciel, et peut-être même l'enfer. Pourtant l'homme est affable et possède des manières tranquilles. Il porte une longue barbe, il a le front large, le nez droit et l'air impassible : tout le contraire de Ruggieri qui adoptait une attitude particulière en présence de la reine et nous parlait d'une voix mielleuse en nous souriant d'un air faux. Je n'aime pas les gens qui ont une façon avec les adultes et une autre avec les enfants.

Nous sommes allés voir la reine dans ses appartements. Nous étions tout un groupe : François, les quatre Marie et les petits accompagnés de leurs nourrices. Les deux maîtres de danse étaient présents, M. de Rège et M. Balthazar. La reine Catherine a l'intention de nous faire répéter un ballet. L'heure était à la fête, nous avons eu droit à quantité de gâteaux et de tartes. Les petits ne cessaient de virevolter comme des toupies et les jappements d'une douzaine de chiens se mêlaient à leurs cris. La reine Catherine était d'excellente humeur. Elle ne semblait pas faire cas du vacarme, des tasses renversées, des aboiements et des miettes de gâteaux. Avec les princesses Claude et Élisabeth, je m'amusais à poursuivre les petits en les chatouillant avec un éventail de plumes, selon un jeu inventé par Claude qu'ils adoraient. Nostradamus était assis à côté de la reine et tous deux nous regardaient jouer. Elle a d'abord montré Charles du doigt, puis Élisabeth, et ainsi de suite. Je n'y prêtais pas grande attention mais les quatre Marie se tenaient tout près d'eux, et soudain je les ai vues se figer. Marie Fleming, la plus délicate des quatre, est devenue livide. J'ai cru qu'elle allait défaillir. Je me suis précipitée vers elles.

– Qu'y a-t-il ?
– Rien ! a répondu Marie Beaton avec empressement. Rien du tout !

Elle s'est emparée de mon éventail et s'est mise à poursuivre Claude et le petit Henri. Un chahut de tous les diables a suivi, ponctué d'éclats de rire. Mais je ne pouvais m'empêcher de m'interroger. Pourquoi les quatre Marie étaient-elles aussi bizarres ? Qu'avait donc dit Nostradamus à la reine ?

20 janvier 1554

Je suis encore décontenancée par le comportement des quatre Marie. Ce soir, au souper, leur attitude était fausse et leur gaieté forcée. Je suis sûre qu'elles me cachent quelque chose. Il faut que j'interroge Marie Seton, qui est d'une nature honnête et qui parle sans détour. Ce soir, elle est restée silencieuse et ne s'est pas jointe aux rires forcés des trois autres.

21 janvier 1554

Hier soir, avant le coucher, je suis allée trouver Marie Seton dans sa chambre. Elle était sur le point de se mettre au lit. Sa femme de chambre, Violette, qu'elle partage avec Marie Livingston, semblait surprise de me voir, mais pas autant que Marie Seton.

– Quelle est la raison de cette visite ? m'a-t-elle demandé en ajustant son bonnet de nuit.

Je me suis précipitée vers elle, je lui ai pris les mains et je les ai serrées fort dans les miennes. Elle a baissé les yeux sur ses pieds chaussés de pantoufles brodées, comme si les fleurs cousues de perles roses et bleues étaient le spectacle le plus fascinant du monde. J'ai ri doucement.

– Même quand vous vous taisez, vous ne savez pas mentir, n'est-ce pas, Marie Seton ?

J'ai senti ses doigts se raidir dans mes mains.

– Regardez-moi, Marie Seton.

Bien que prononcés d'une voix douce, ces mots étaient ceux d'une reine vis-à-vis de son sujet. Il s'agissait d'un ordre et elle ne pouvait s'y dérober. Elle a planté ses yeux bleus dans les miens. Ils étaient remplis de larmes !

– Ma chère Marie, qu'y a-t-il ? Qu'a dit Nostradamus ?

– Oh, Madame, cela ne peut pas être vrai. J'en ai la certitude.

– Dites-moi tout, Marie, et laissez-moi en juger.

Marie Seton a relevé la tête et m'a regardée droit dans les yeux.

– Les enfants couraient en tous sens et soudain, la reine Catherine a demandé à Nostradamus : « Vous m'avez parlé de mes enfants, mais qu'en est-il de l'Écossaise ? Voyez-vous quelque désastre menacer cette jolie demoiselle ? » Il a répondu d'une voix à peine perceptible, mais nous l'avons toutes entendu : « Madame, je vois du sang. »

La bouche de Marie Seton s'est mise à trembler et les larmes qui perlaient au coin de ses yeux ont tracé un sillon argenté sur ses joues.

Comment décrire ma réaction ? J'ai ressenti un poids terrible au creux de l'estomac. J'ai serré plus fort les mains de Marie Seton, et en mon for intérieur, j'ai senti une détermination étrange, mystérieuse m'envahir. Il me fallait refouler ma peur, mes larmes, et m'armer de courage. Certes, le sang de William Wallace ne coule pas dans mes veines, mais mon cœur est habité de la même flamme. Je dois me montrer digne de l'Écosse, tel Cœur Vaillant.

– Calmez vos inquiétudes, Marie Seton, et dites aux autres Marie d'en faire autant. J'irai voir en personne M. Nostradamus. Rappelez-vous que les prophéties ne se réalisent pas toutes. Celle-ci est peut-être une bénédiction car elle nous contraindra à rester vigilantes.

À cet instant, Marie Seton est tombée à genoux :

– Votre Majesté, a-t-elle murmuré, vous êtes une digne fille d'Écosse. Votre courage vous honore. Vous êtes une véritable reine !

– Et vous quatre êtes les sujets les plus fidèles dont une reine puisse rêver.

22 janvier 1554

Ce soir, j'ai l'intention d'aller trouver Nostradamus dans son observatoire. Je sais que la reine lui rend visite la nuit afin d'observer avec lui la position des étoiles. Mais ce soir, elle n'ira pas : il pleut et le ciel est obstrué de nuages. Je ne peux pas m'y rendre seule, je dois toujours être escortée d'un garde. Mais qui pourrais-je emmener avec moi ? M. Jallet, mon maître d'hôtel ? C'est un excellent serviteur mais je crains qu'il ne commette une indiscrétion. Il adore les ragots. Mon valet de pied, Alain, a la langue bien pendue, lui aussi, et bavarde beaucoup avec les palefreniers. Rufus est trop vieux, quant à lui. Je dois réfléchir à tout cela. Entre-temps, la princesse Claude, la princesse Élisabeth, Marie Livingston, Marie Fleming et moi, nous devons nous présenter en salle de musique. La reine Catherine tient à ce que M. Balthazar nous fasse répéter un ballet de son choix. Inutile de préciser que je ne suis pas d'humeur à danser. À mon grand étonnement, j'ai beau disposer de ma propre maisonnée et dépenser mon argent à ma guise, on me traite encore comme une enfant à bien des égards. Janet Sinclair dit que je dois prendre part à ce stupide ballet : le roi s'offusquerait de mon absence. Nous devons incarner d'anciennes prophétesses. Ronsard a composé des vers qui seront accompagnés au rebec pendant que nous exécuterons les pas. Je n'ai aucune envie de jouer les prophétesses et de danser dans un costume ridicule. Quelle activité assommante ! Alors que je n'ai qu'une idée en tête, voir le prophète Nostradamus.

Plus tard

Je viens d'avoir une idée lumineuse. Je n'ai pas besoin d'emmener quelqu'un avec moi pour rendre visite à Nostradamus. Il me suffit de me déguiser en femme de chambre. J'en ai déjà discuté avec Minette. Nous échangerons nos vêtements pendant une heure ou deux. Je mettrai sa coiffe, sa fraise, son surcot, sa robe, bref son habit de servante. Je m'aperçois soudain que je n'ai aucune idée de ce qu'elle porte d'ordinaire.

23 janvier 1554
Juste après minuit

*E*n ce moment même, j'attends que s'endorme le vieux garde posté au bout du couloir qui relie mes appartements au grand salon. Avec le jeune Robin MacClean, l'un de mes gardes écossais, je n'aurais pas l'ombre d'une chance. Mais à la minute où ce vieux bouc aura fermé l'œil, je pourrai traverser à ma guise le grand salon pour gagner le petit salon. Là se trouve un petit passage secret qui mène à l'observatoire. J'ignorais son existence avant que Minette ne m'en parle. Elle prétend qu'il se trouve juste derrière la statue du roi Charlemagne, masqué par un panneau d'apparence ordinaire, qui ne diffère en rien des autres, mais qui s'ouvre d'une simple pression. Elle m'a prévenue que l'escalier est un peu raide. Quelle aventure !

Le seul fait d'emprunter les vêtements de Minette est déjà très excitant. Comme ils sont différents des miens ! Elle ne porte ni corset, ni cerceaux, ni fraise au corsage de son surcot. D'ailleurs, elle ne porte pas de surcot. Sa tenue se compose d'une tunique ample par-dessus laquelle elle noue deux jupons et lace un bustier. En guise de fraise, elle porte, pour cacher l'échancrure de son corsage, une simple bande d'étoffe rentrée dans sa tunique. Les deux jupons sont protégés par un tablier.

Ses vêtements ne sont pas ornés de la moindre broderie. Ses cheveux sont entièrement dissimulés sous une coiffe bombée que je dois absolument porter ou mes cheveux roux me trahiront sur-le-champ. Entre-temps, Minette, qui a enfilé ma chemise de nuit avant de se glisser dans mon lit, glousse à n'en plus finir. Elle prétend qu'elle n'a jamais rien porté d'aussi beau que ma fine chemise en batiste, et je lui réponds que je n'ai jamais touché d'étoffe plus grossière que la laine de ses vêtements. À mon avis, les moutons dont elle provient ont vécu toute leur vie dans les ronces. Il fait nuit noire à présent et Minette m'assure que je peux sortir sans risque. Munie d'une chandelle, je vais rendre visite au devin afin de le questionner au sujet du sang qu'il voit autour de moi.

24 janvier 1554

Je ne sais trop que penser de mon entrevue avec Michel Nostradamus. J'ai traversé le grand salon pour gagner le petit salon et là, derrière la statue de

Charlemagne, j'ai trouvé le panneau. Comme l'a dit Minette, l'escalier était raide mais ne comportait que peu de marches. Pourtant j'avais l'impression de m'enfoncer dans un tunnel sombre, étroit, sans fin. Soudain j'ai senti la panique m'envahir quand la flamme de ma chandelle a commencé à vaciller. J'aurais dû en apporter une autre que j'aurais allumée avec la première. Je crois que mon cœur se serait arrêté de battre si je m'étais retrouvée dans le noir. C'était un endroit humide et effrayant. J'ai vu la longue queue d'un rat disparaître dans une fissure. Mais je suis arrivée sans encombres au bout du passage où m'attendait une autre volée de marches. Tout comme le passage, l'escalier, qui montait en spirale, semblait n'en jamais finir. Comme j'arrivais au sommet des marches, à ma surprise, une porte s'est ouverte avec un grincement. J'ai entrevu un rai de lumière, puis une ombre s'est dessinée sur le mur de pierre. Une voix s'est élevée :

– Je vous attendais, mon enfant.

Je me suis mise à trembler de tous mes membres.

– N'ayez crainte, a repris la voix, et cette dernière était si douce, si chaleureuse que je me suis sentie attirée comme par un aimant.

Quand je suis entrée dans l'observatoire, le médecin – car il est bel et bien médecin, comme je l'ai appris par la suite – était posté près d'un trépied qui soutenait une cuvette de cuivre. Je me suis avancée directement vers elle et j'ai contemplé mon reflet dans l'eau qu'elle contenait.

– Que voyez-vous ? a demandé Nostradamus.
– Seulement mon reflet, ai-je répondu.

Je me suis penchée pour y regarder de plus près et soudain, j'ai arraché ma coiffe pour libérer mes cheveux.

– Et maintenant ?
– Je vois du feu. Et non du sang.

J'ai scruté ses yeux qui renfermaient l'infini du ciel.

François m'avait raconté que Nostradamus délivrait ses prédictions sous forme de quatrains. Voici ce qu'il m'a dit :

Certains évoquent les flèches du ciel,
D'autres la symétrie de la rose.
Le feu pour les uns, le sang pour les autres,
La promesse d'une vie sans répit.

– Qu'est-ce que cela signifie ?
– Il n'y a pas de signification précise.
– Comment cela ? ai-je demandé, perplexe.
– La prophétie dit la vérité mais elle n'est pas exacte. Les gens courent toujours après l'exactitude. Pourtant, croyez-moi, l'inexact, l'imprécis ne sont pas moins réels que l'exact et le précis.
– Alors ce pourrait être l'image du sang autour de moi, ou encore les pétales d'une rose, peut-être la rose rouge, symbole de la maison Tudor : mes cousins anglais Élisabeth, Marie et Édouard ainsi que leur père Henri VIII. À moins que ce ne soit le feu ?

– Oui. Mais il y aura du tumulte autour de vous, ma chère. Du chaos et de la confusion, et vous ne connaîtrez jamais le répit.

– Mais il n'y aura pas forcément de sang.

– Non, pas forcément, a-t-il répondu, l'air radouci.

Pendant quelques instants, j'ai réfléchi à ce que je venais d'entendre, puis j'ai levé les yeux vers le visage affable de Nostradamus.

– Cela me suffit. En tant que reine, je suis censée prendre en main ma propre destinée et celle de mon peuple écossais. Je ne m'attends donc pas à connaître le répit.

– Vous êtes fort avisée pour votre jeune âge.

– Je suis reine depuis l'âge de neuf mois. J'avais cinq ans lorsqu'on m'a séparée de ma mère et à quatre ans, j'étais déjà fiancée à un prince adorable, certes, mais faible. Tel le coucou, j'ai fait mon nid dans un endroit fort singulier. Et, oui, tout cela m'a appris la sagesse.

À ces mots, j'ai pris congé du brave homme, de son trépied et de sa cuvette qui renfermait le reflet des nuages, des étoiles et des jeunes filles rousses devenues reines avant l'heure. Sur le chemin du retour, dans le passage, ma chandelle a encore vacillé et je me suis retrouvée plongée dans le noir complet. Je me sentais comme absorbée par les ténèbres. J'entendais les rats détaler autour de moi, j'ai même cru entendre claquer les talons de la fille du marchand, mais je n'ai pas eu peur car je suis une reine, une véritable reine. J'ai arraché ma coiffe de servante et j'ai laissé mes cheveux flotter sur mes épaules tels des rayons de soleil.

26 janvier 1554

Je n'ai rien dit de ma visite nocturne aux quatre Marie avant aujourd'hui. Elles étaient stupéfaites.

– Vous êtes allée là-bas toute seule ? a demandé Marie Beaton dans un souffle.

– Qu'a-t-il dit ? a renchéri Marie Fleming.

Ses beaux traits délicats tremblaient comme une fleur chétive dans la brise d'été. Alors je leur ai tout raconté. Elles sont restées silencieuses un long moment. Puis Marie Beaton a posé un genou à terre :

– Majesté, votre courage nous inspire. Je fais le vœu de rester à vos côtés quoi qu'il en coûte, dans la joie comme dans l'adversité, et surtout, même si je sais que vous n'aimez pas parler de mariage, je fais le vœu de ne pas me marier avant vous.

Un murmure d'approbation s'est élevé, et les trois autres Marie sont tombées à genoux en jurant, elles aussi, de me suivre quels que soient les obstacles et de ne pas se marier avant moi. Qui peut rêver meilleur porte-bonheur que ces quatre amies fidèles ? Elles resteront à jamais mon trèfle à quatre feuilles.

27 janvier 1554

Nous partons pour Chambord demain. Je doi ma traduction des poèmes d'Anacréon pour Ronsard. Puis je dois tenter d'en composer un dans la même veine. J'ai hâte d'arriver à Chambord. François est fou de joie à l'idée de revoir ses chevaux favoris. En revanche, ce n'est pas une mince affaire de déménager toute une cour ! Il faut faire des montagnes de bagages, et maintenant que j'ai ma propre maisonnée, je dois passer des heures à régler mille et un détails avec mon maître d'hôtel, M. Jallet. Nous avons besoin d'attelages supplémentaires maintenant que nous sommes autonomes, car nos serviteurs voyageront séparément. Bien entendu, certains d'entre eux effectueront le trajet à cheval, mais Rufus et M. Jallet auront leur propre voiture. Ils feront peut-être le voyage ensemble. Nous devons aussi trouver une aide à Mme Moillard, la couturière. Nous lui avons commandé tant de nouvelles robes pour moi qu'elle ne peut pas s'acquitter de tout le travail en plus de ses obligations envers la reine Catherine. M. Jallet a suggéré que l'aide couturière voyage avec les femmes de chambre mais à mon avis, ce n'est pas une bonne solution. Je crois que les premières se sentent supérieures aux secondes, et cela pourrait créer des histoires. Mme de Parois a exigé son propre attelage. C'est proprement ridicule ! Il y a tant à penser et pour le moment, tout ce qui m'intéresse, c'est de contenter

Ronsard avec ma traduction. Je pense lui proposer d'effectuer le trajet jusqu'à Chambord dans ma voiture. Malheureusement, Diane de Poitiers est rentrée à Anet. J'espère qu'elle viendra à Chambord car beaucoup de distractions nous y attendent : des parties de chasse à courre et au faucon, entre autres, et il est même question d'organiser un bal somptueux.

1er février 1554
Château de Chambord

Suis arrivée hier soir au crépuscule. C'est l'heure idéale pour apercevoir Chambord. Les toits du château sont visibles à des lieues à la ronde avec leurs innombrables flèches et cheminées qui se détachent sur le ciel comme les pièces d'un échiquier. Aidée de François, de Claude, d'Élisabeth et des quatre Marie, j'ai essayé de compter les cheminées. À chaque tentative, nous avons trouvé un nombre différent, mais il y en a bien plus de trois cents, de cela nous sommes certains. Le château de Chambord est un monde à lui seul. Difficile de s'imaginer que derrière les murs, qui l'encerclent sur vingt lieues, se trouve un immense parc forestier. Le château se dresse au centre du domaine, mais dans les clairières et les fourrés vivent des loups, des cerfs et des sangliers. C'est le paradis du chasseur. Avant l'aube, on entend le chant du cor qui rappelle les chiens au château. Chaque note correspond à un signal particulier. Bien entendu, François préfère chasser avec ses faucons et autres éperviers. Il en possède plus d'une douzaine ici. Seule ombre au tableau : la reine Catherine nous a interdit de chasser demain. C'est le jour de la Chandeleur, qui célèbre la purification de la Vierge Marie, et nous devons nous consacrer à la prière. La journée s'achève par un festin et, par conséquent, nous sommes censés commencer le jeûne ce soir. Je n'y verrais guère d'objection si la religion de la reine Catherine ne me semblait pas si capricieuse. Mon confesseur, le père Mamerot, se désole de ses accointances avec des sorciers et des devins tels que Ruggieri et Nostradamus. Un jour, il m'a révélé dans un moment d'inattention que la reine, je cite : « rejette les enseignements des Écritures mais croit à ces diseurs de bonne aventure qui lisent dans les étoiles. » Bref, pas de chasse prévue demain. François est fort contrarié, il pleurniche comme un nouveau-né.

2 février 1554

Ce matin, Marie Beaton est venue me secouer dans mon lit.

– Debout ! Nous devons sortir immédiatement.
– Pourquoi ?

– Marie Stuart !

Les quatre Marie se sont rassemblées autour de mon lit et Marie Livingston s'est s'écriée :

– Auriez-vous oublié notre chère Écosse ? La Chandeleur ne consiste pas seulement à réciter des prières et à allumer des cierges.

Je me suis frappé le front. En effet, cela m'était sorti de la tête.

– Vite, Minette, habille-moi !

Elle s'est avancée en hâte avec mes cerceaux, ma fraise et mon corset. Oh, Seigneur ! ai-je songé. Toutes ces couches de vêtements ! Il me fallait pourtant faire vite. Je me suis rappelé la nuit où j'ai rendu visite à Nostradamus. Comme je me sentais libre dans les vêtements de ma femme de chambre !

– Minette, je n'ai pas besoin de mon corset et de ma fraise. Et je n'ai pas non plus l'intention de mettre un surcot, je me contenterai de ma chemise, d'une robe et de ces bas épais.

Un lourd silence s'est abattu sur l'assemblée. Minette est restée bouche bée tandis que les quatre Marie me dévisageaient comme si j'étais folle.

– Avez-vous perdu l'esprit ? s'est exclamée Marie Seton.

– Voulez-vous sortir dans la cour, oui ou non ? Le soleil n'attend personne, pas même la reine d'Écosse ! ai-je rétorqué.

Elles se sont toutes esclaffées et en moins de temps qu'il n'en faut pour le dire, j'étais habillée de pied en cap. Nous sommes sorties en trombe de nos appartements, qui sont situés dans la tour de la lanterne. Marie Beaton chantait à tue-tête une vieille chanson en gaélique héritée des chefs de clan des Highlands :

Édouard le Sec, Édouard le Sec,
Venu t'emparer
De notre terre bien-aimée
Et massacrer les nôtres.

Mais Cœur Vaillant te fera mordre la poussière
Sauvera nos chers enfants
Et bannira tes troupes sanguinaires
Car il ne connaît pas la peur.

Nous avons croisé Mme de Parois dans le grand escalier. Une expression horrifiée a déformé ses traits.
– Sauvages ! a-t-elle marmonné en se recroquevillant contre la rampe.
Une fois dans la cour, nous nous sommes mises à danser et à pourchasser nos ombres en chantant l'hymne écossais :

Si à la Chandeleur, le soleil brille
Il y aura deux hivers cette année.

Marie Livingston a même inventé une suite :

Et si tu distingues ton ombre dans la foulée
Il neigera sur ta vache préférée.

Janet Sinclair est descendue dans la cour se joindre à nos cris.

– Jeunes filles, vos ombres ! s'est-elle exclamée en les regardant danser sur les pavés. Le printemps sera bientôt là !

Elle s'est d'abord amusée de nos singeries mais bientôt, elle a prononcé les mots redoutés :

– Maintenant, vous devez remonter prendre votre bain.

Nous avons protesté de concert.

– Aujourd'hui nous fêtons la purification de la Vierge. Je ne veux rien entendre. Votre dernier bain remonte à la Saint-Stéphane, il y a six semaines. Allez, par respect pour la Sainte Vierge.

Plus tard

Minuit passé. Nous nous sommes jetées sur le banquet comme des loups affamés, après avoir jeûné toute la journée. Marie Fleming a manqué s'évanouir pendant que nous traversions la chapelle en procession, un cierge allumé à la main, comme l'exige la coutume. De tous les rituels de la Chandeleur, c'est celui que je préfère. Je portais une robe entièrement rebrodée de fils roses, violets ou argentés et de minuscules perles représentant des roses, des grappes de jasmin et des marguerites. Porter cette robe, c'était comme se promener dans un jardin. À mes oreilles brillaient les pendants en perles et diamants offerts par ma grand-mère Guise. Ma coiffe en tissu blanc rebrodé de fil de lin de la même couleur était une œuvre d'art à elle seule. Je souhaitais éviter le clinquant et les bijoux : ma coiffe se devait d'être modeste et le plus simple possible, car si la Vierge Marie baisse les yeux sur moi, elle ne doit pas être éblouie par l'éclat de mes bijoux. Je devais me présenter humblement devant elle, tête baissée, éclairée par le halo de mon cierge. La reine Catherine et la plupart des dames de la cour étaient fardées comme à leur habitude. Au banquet qui a eu lieu ensuite, les quatre Marie arboraient pour la première fois de la pâte servant à blanchir le teint. Pour ma part, j'ai préféré y aller le visage nu, les joues colorées par mon sang, la petite veine bleue qui court près de ma tempe bien apparente.

3 février 1554

J'ai à peine le temps d'écrire. François fait les cent pas dans mon salon de réception tandis que je m'habille dans ma chambre. Nous devons nous hâter car nous allons rendre visite à nos chevaux et à nos chers faucons.

Plus tard

Je suis trop fatiguée pour écrire. J'ai passé la journée à chasser. Puis je suis allée m'entraîner au tir à l'arc sous les instructions de mes gardes écossais. Nous sommes célèbres pour nos archers. On m'a confié un arc plus grand et plus lourd. Robin MacClean, le chef des gardes, m'a félicitée, affirmant qu'il n'avait jamais vu quelqu'un s'adapter aussi vite à cette arme. Robin est un excellent professeur. C'est un grand garçon rougeaud aux yeux d'un bleu perçant et au parler grasseyant des Highlands. Je me sens un peu gênée du fait qu'on ait fourni un arc plus léger à François, mais il se trouve que je le dépasse de plusieurs pouces et il aurait bien du mal à manier un arc aussi grand que le mien. J'espère que François finira par grandir ! Il m'aura certainement dépassée d'ici notre mariage. Il est si petit que nous aurions l'air ridicule, côte à côte devant le prêtre, au moment d'échanger nos vœux sacrés. Il m'arrive à peine à l'épaule.

4 février 1554

Cet après-midi, nous sommes retournés chasser au faucon mais auparavant, nous avons dû assister à nos leçons. Et, malheureusement, répéter ce stupide ballet.

La reine Catherine, qui est restée pendant toute la répétition, nous a fait part de ses commentaires :
— Les enfants, obéissez à M. Balthazar. Puis, d'un ton doctoral : Voici le vocabulaire du ballet.

Et elle joignait souvent le geste à la parole, pointant un petit pied potelé, levant un bras à la chair tremblotante, et me fixant avec ses yeux de fouine comme pour me défier de passer outre ses indications.

J'aurais préféré traduire des pages par centaines avec mon maître de latin, George Buchanan, penché par-dessus mon épaule, en train de souffler son haleine chargée de bière, que de passer cinq secondes à répéter ce stupide ballet. M. Balthazar nous oblige à tourner les pieds en dehors, bien que notre corps ne soit pas conçu pour cela. Il nous fait répéter des positions ridicules : première position, deuxième position, et ainsi de suite. Tout cela est terriblement difficile et, entre le temps que je passe à dos de cheval et ces idioties, j'ai l'impression d'avoir les jambes déformées. Je n'ai pas l'intention de renoncer au cheval. Et je ne comprends pas pourquoi une reine d'Écosse qui possède sa propre maisonnée et une fortune qu'elle peut dépenser à sa guise est obligée de marcher comme un canard. Encore une mode italienne, qui nous vient de Florence.

5 février 1554

Je suis au comble de l'excitation : aujourd'hui, pas de leçons. La journée est consacrée à la chasse. Avec les quatre Marie, nous avons décidé de porter la tenue écossaise. Nous avons l'air féroce ! Le roi est conquis. L'air de Chambord nous fait le plus grand bien.

6 février 1554

Mes oncles sont arrivés. François le Balafré parle un peu trop de mariage à mon goût. Et ils ne cessent de me questionner au sujet de la santé de mon futur époux. Je ne peux leur dire que ce que je sais : Nostradamus lui a recommandé de prendre un remède à base de pétales de rose pilés et de boire beaucoup de thé à la rose. Il prétend que cela lui évitera d'attraper des rhumes à répétition et autres otites. Ce traitement porte peut-être ses fruits : l'état de François, qui, d'ordinaire, passe son temps à se moucher, semble s'être amélioré ces derniers jours. Je sais pourquoi mes oncles sont si curieux. Ils craignent que François ne meure avant qu'on n'ait pu nous unir, et que les trônes de France et d'Écosse m'échappent. J'imagine que c'est un problème, mais pour ma part, j'estime que, si François mourait, l'ami me manquerait davantage que l'époux. Je ne peux pas m'en ouvrir à mes oncles, pas plus que je ne peux les empêcher de parler mariage. Étrangement, il est des choses, simples en apparence, qu'une reine n'est pas autorisée à faire. Parfois, j'en arrive à penser qu'une modeste servante comme Minette a plus de libertés que moi. Je sais qu'elle a un soupirant, Marcel, un valet. Marie Livingston et Marie Beaton qui, apparemment, connaissent leur sujet, pensent que Minette et Marcel passent leur temps à s'embrasser. Elles ont aperçu une marque sur le cou de cette dernière. Il paraît qu'un baiser particulièrement passionné peut laisser une marque bleue sur la peau.

7 février 1554

J'ai passé la matinée à faire des essayages en prévision du bal de demain soir. Une de mes vieilles robes, devenue trop petite pour moi, est parfaite pour Marie Fleming. J'en ai une autre, magnifique, en brocart, qui ne me va plus, et je songe à l'offrir à l'abbesse du couvent voisin afin qu'elle en fasse des rideaux pour le chœur. L'année dernière, je lui avais aussi donné du tissu, et elle en avait été enchantée.

Plus tard

Mme de Parois est d'une humeur massacrante depuis notre arrivée à Chambord. Au début, j'ai mis ce détail sur le compte de nos extravagances, le fait que nous déambulions dans nos tenues écossaises et que nous bavardions en gaélique, une langue très gutturale en comparaison du français. Mais cet après-midi, elle s'est montrée particulièrement désagréable : les traits déformés par la colère, elle a déversé sa bile sur tout le monde. Elle a même tenté d'écarter Puce d'un coup de pied. J'ai serré contre moi le petit chien tremblant de peur en m'écriant :

— Madame, qu'est-ce qui vous plaît tant dans le fait de frapper un chien qui ne pèse pas plus lourd qu'un chou ?

Alors Mme de Parois a jeté un coup d'œil à la robe que je projetais d'offrir à l'abbesse.

— Je vois, a-t-elle dit. Vous craignez que je ne m'enrichisse à votre service. Il est clair que vous préférez me laisser dans la pauvreté.

— Ce n'est pas du tout mon intention, Madame. Pourquoi l'Église ne devrait-elle pas bénéficier de ce brocart ? Quant à l'autre robe, elle va parfaitement à Marie Fleming. Je suis désolée que vous y voyiez un inconvénient.

8 février 1554

*R*onsard m'a promis une pavane ce soir. Les quatre Marie, la princesse Élisabeth et moi, nous avons prévu de passer l'après-midi à essayer du maquillage. Minette et Dora, une autre femme de chambre, apporteront dans mon boudoir les coffrets laqués contenant les poudres et les pâtes. Nous avons toutes besoin de nous éclaircir le teint, car nous avons pris des couleurs à force de chasser, de monter à cheval et de passer des heures entières dehors. Les voiles ne tiennent pas en place quand on galope aussi vite que nous.

Plus tard

*C*omme nous nous sommes amusées ! Les coffrets laqués contiennent de petits pots de porcelaine remplis de diverses pâtes, poudres et onguents. Avec l'aide de Dora et de Minette, nous avons appliqué une fine couche de céruse sur notre visage et notre décolleté. Les affreuses taches de rousseur qui parsèment mon nez ont disparu ! Ensuite Dora nous a montré comment plonger un pinceau soyeux dans un petit pot de purpurine. On tapote le pinceau deux fois, puis on le trempe dans un pot de vermillon. Ainsi les deux couleurs se mélangent – un ocre et un rouge profond – pour donner un joli fard très naturel que nous déposons sur nos joues.

Marie Livingston a un vilain bouton au milieu du menton, mais Dora l'a camouflé avec une pâte épaisse et maintenant, il est aussi insoupçonnable que mes taches de rousseur. Enfin nous avons fardé nos lèvres.

Je crois que je vais être la plus jolie ce soir. J'ai prévu de porter ma robe lacée de rubans argentés avec des manches en satin matelassé, et un éventail de plumes.

10 février 1554

Ce bal a été un vrai désastre ! Je commence à peine à m'en remettre. Je bénis M. Nostradamus : sans lui, je ne sais pas ce que je serais devenue. Je vais m'efforcer de décrire les événements horribles de cette soirée. Comme de coutume, la première danse était une branle. Accompagnée de François, j'ai entamé la première série de pas : un pas à gauche, un pas à droite. Au bout de quatre pas, j'ai éprouvé une sensation de picotement au visage mais je n'y ai pas prêté attention. Quand la musique s'est arrêtée, j'ai ressenti une sorte d'engourdissement au niveau de la mâchoire. Je me suis contentée d'effleurer mon visage pour ne pas abîmer mon maquillage. Je me sentais bien, aussi me suis-je laissée entraîner à nouveau par la musique. À la fin du deuxième tour de danse, j'avais le bas du visage complètement paralysé, et l'impression que ma bouche et mon nez avaient doublé de volume. J'ai entraîné Marie Livingston à l'écart.

– Est-ce que mes lèvres sont enflées ? lui ai-je demandé.

– De quoi parlez-vous ?

Je lui ai expliqué que j'éprouvais des sensations bizarres au visage.

À cet instant, M. Ronsard s'est levé.

– Et la pavane ? a-t-il lancé, me rappelant la danse qu'il m'avait promise.

– Oh, certainement, ai-je répondu, oubliant soudain mon malaise.

Ou du moins pendant quelque temps. Car c'est un enchantement de danser avec un poète comme Ronsard. Ses gestes sont si naturels que même la plus mauvaise cavalière du monde ne peut que s'améliorer. Nous avions dansé la première d'une série de vieilles pavanes carolingiennes et nous commencions la deuxième lorsque Ronsard s'est brusquement arrêté.

– Votre Majesté ?

L'inquiétude perçait dans sa voix. À ce moment, j'ai eu l'impression – très difficile à décrire – que mon visage était détaché du reste de ma tête, comme désincarné.

– Majesté, votre visage !

Un instant plus tard, je m'effondrais sur le sol. Plusieurs personnes se sont attroupées autour de moi en s'écriant :

– Sa tête enfle comme un melon !
– Elle est rouge comme une pivoine !
– Regardez comme son regard est fixe !

Et en effet, j'avais l'impression d'avoir les yeux paralysés dans leurs orbites car je ne pouvais pas ciller. Un valet m'a portée jusqu'à mes appartements et le médecin du roi ainsi que Ruggieri ont été dépêchés à mon chevet. Je n'ai pas eu à attendre bien longtemps avant que le mot fatal ne soit prononcé : sangsues.

– Non ! Non ! Non ! ai-je hurlé.

Janet Sinclair s'est précipitée à mon chevet pour me calmer. Mais, en dépit de l'affection que je porte à Janet, c'était ma mère que je voulais.

– Il le faut, ma chère. Vous avez mal réagi à votre maquillage. Cela arrive parfois. Il faut utiliser des sangsues pour aspirer le poison.

C'est alors que l'apothicaire royal est arrivé avec deux immenses jarres qui contenaient un magma de sangsues visqueuses et noirâtres. Je ne pouvais même pas fermer les yeux car mes paupières étaient toujours paralysées. À l'aide d'une grosse pince, Ruggieri et le médecin du roi, M. de la Romanière, ont posé une à une les sangsues sur mon visage, mon cou et mon décolleté. Comme j'étais paralysée, je ne ressentais pas vraiment la douleur sauf que j'avais l'impression de les entendre me sucer le sang. J'ai cru devenir folle. J'aurais souhaité que mon propre médecin, M. Bourgoing, soit présent, mais il s'est absenté pour quelque temps. Lui n'aurait jamais eu recours aux sangsues. J'ai dû les garder toute la nuit. J'ai néanmoins réussi à dormir les yeux ouverts grâce à la dose d'alcool fort qu'ils m'avaient administrée. Au matin, mon état ne s'était pas le moins du monde amélioré, mais je voyais de minces filets de sang dégouliner le long de mon cou là où les sangsues s'étaient gorgées.

Soudain Nostradamus a fait irruption dans la chambre, suivi de lord Erskine.

– Enlevez-lui ces immondes bestioles ! a-t-il rugi.

Il s'est précipité à mon chevet et a commencé à retirer lui-même les sangsues. Ensuite il a mouillé une éponge dans la cuvette que lui tendait lord Erskine et s'est mis à m'éponger le visage. Une forte odeur de girofle imprégnait l'air. Puis, du bout des doigts, il s'est mis à me masser le visage. Il a demandé de « l'onguent de calamus » qu'il a étalé en couche épaisse sur ma peau, puis il a essoré un linge tiède qu'il venait également de tremper dans sa lotion et l'a appliqué sur mon visage. Peu à peu, la sensation de paralysie s'est dissipée.

Alors Marie Fleming, les joues ruisselantes de larmes, s'est écriée :

– Marie, vous êtes revenue !

J'ai esquissé un pauvre sourire. Mes lèvres avaient retrouvé leur état normal.

– Puis-je avoir un miroir ? ai-je demandé.

Lord Erskine est allé m'en chercher un. J'ai étudié mon reflet quelques instants. Jamais je n'ai été aussi heureuse de voir ces taches de rousseur sur mon nez. J'avais le teint blafard et des cernes sous les yeux, mais mon visage était redevenu le même.

Nostradamus s'est laissé tomber dans un fauteuil :
– Elles donneraient toutes leur vie pour être belles.
– C'est cette pâte qui blanchit le teint, n'est-ce pas ?
– Précisément, ma chère. Vous avez eu de la chance. Vous avez découvert très vite que cette pâte était nocive pour vous. Mais la céruse à base de vinaigre et de carbonate de plomb œuvre des années durant jusqu'au jour où la femme succombe des suites du poison qu'elle s'est administré peu à peu, au cours d'une vie entière dédiée à la quête de la beauté. Ses ongles bleuissent, elle perd toute sensation dans les doigts, les orteils, le lobe de l'oreille et elle est obnubilée par l'impression que des fourmis voraces lui mangent l'intérieur du crâne. Puis le poison s'insinue dans les muscles de sa gorge qu'il paralyse. Bientôt, elle ne peut plus s'alimenter et pour finir, elle ne peut plus respirer.

À quelle mort atroce j'ai échappé ! Je compte interdire définitivement l'usage de cette pâte aux quatre Marie. Je sais que j'ai eu de la chance mais le fait d'être malade loin de ma mère me cause d'autres tourments tout aussi cruels.

11 février 1554

J'ai réussi à me faire dispenser de répétitions pour quelque temps. Cela me console presque d'avoir dû endurer ces sangsues sur mon visage. Je crois que je pourrais encore supporter ce supplice si en échange, je pouvais avoir ma mère à mes côtés, et sentir sa main dans la mienne.

12 février 1554

Comment remercier Nostradamus ? Je n'en ai pas la moindre idée. Les quatre Marie sont venues me voir aujourd'hui, ainsi que François. Je ne peux m'adonner qu'à des jeux paisibles. J'ai joué aux échecs avec François, et il m'a raconté de drôles de choses tandis que nous déplacions les pièces sur l'échiquier. Son père et sa mère parlent d'une alliance entre la France et l'Espagne, et envisagent de marier le duc de Castille avec la princesse Claude ou la princesse Élisabeth. Tout en déplaçant un pion, François a ajouté :

— N'avez-vous jamais songé, Marie, que nous sommes moins les enfants de nos parents que des pions sur le gigantesque échiquier de l'Europe ? On nous a fiancés pour déjouer les projets de l'Angleterre.

Les paroles de François m'ont bouleversée. J'ai ramassé un de mes pions et, les yeux fixés sur la pièce, j'ai songé tout haut :

– Mais je suis une reine.

– Et je suis le Dauphin, mais quelle importance ?

13 février 1554

*J*e me sens beaucoup mieux mais tout le monde insiste pour que je garde le lit. Quelle frustration ! Il fait un temps magnifique, le soleil brille et les quatre Marie ainsi que François chassent et montent à cheval tous les jours. La petite Claude me fait la lecture car mes yeux ne sont pas encore tout à fait remis. Mais j'y vois assez bien pour monter à cheval. Je m'ennuie à mourir.

15 février 1554

*N*ous partons pour Chenonceau. J'ai récupéré juste à temps pour participer à la dernière chasse, tout en manquant l'ultime répétition du ballet. L'air s'est beaucoup refroidi.

17 février 1554

— La rivière est gelée ! s'est écriée Marie Beaton en se penchant à la fenêtre de notre attelage tandis que nous approchions de Chenonceau.

Le château est construit sur le Cher. Il est entouré d'eau car à l'origine la partie ancienne de l'édifice était un moulin. Mais il a bien changé depuis. Le roi l'a offert à Diane de Poitiers il y a de nombreuses années, et elle en a fait un endroit magnifique. Ce que nous préférons, nous, les enfants, c'est le pont qui relie le château à l'autre berge. Lorsque la rivière est gelée, nous nous amusons à glisser sous le pont et autour des piliers. Nous jouons à chat et à cache-cache. Mais nous devons rester très prudents car la glace n'est pas solide près de ces piliers, et l'un de nous pourrait passer à travers.

18 février 1554

Naturellement, notre projet de patinage a dû être reporté car la reine exige que nous répétions une dernière fois le ballet avant la représentation de ce soir. Ensuite, Dieu merci, nous serons enfin débarrassés de cette corvée stupide.

D'après les médecins, Mme de Parois est atteinte d'hydropisie, une maladie qui provoque des gonflements. Marie Fleming a eu l'audace d'aller jeter un coup d'œil à ses jambes. Elle a fait mine de laisser tomber un objet sous la table tandis que nous jouions aux cartes, et elle nous a raconté que les bas de Mme de Parois tombent, que sa robe remonte, et que ses jambes ressemblent à de gros poteaux. Pas de chevilles à proprement parler. À présent, j'ai de la peine pour elle. Je suis allée trouver mon confesseur et je lui ai avoué avoir eu des pensées, non pas mauvaises, mais peu charitables à l'égard de Mme de Parois. Je n'ai pas droit à une confession proprement dite car je n'ai pas encore fait ma première communion – le père Mamerot et mon oncle le cardinal doivent décider de la date. J'ai hâte, bien entendu, mais je sais que je ne suis pas prête. En vérité, concernant Mme de Parois, je ne peux m'empêcher de me demander : si ses jambes guérissaient, si elle n'était pas atteinte d'hydropisie, est-ce que j'essaierais d'améliorer ma conduite ? Probablement pas. Par conséquent, je ne crois pas que je suis prête pour ma première communion. Maladie ou pas, cette femme me met hors de moi. J'aimerais avoir plus de patience avec elle. J'aimerais être capable d'ignorer son attitude, le plus souvent infecte. Sauf que je ne peux pas. Je suppose que c'est l'un de mes défauts. J'en ai discuté avec mon confesseur. Je ne suis pas sûre que réciter mon rosaire des milliers de fois me serait d'une grande utilité. De toute façon, M. de la Romanière, le médecin du roi, a envoyé Mme de Parois à Paris. Elle s'y trouvera mieux car elle a une sœur qui saura prendre soin d'elle.

19 février 1554

C'en est fini du ballet. Je m'en suis bien sortie malgré toutes les répétitions que j'ai manquées lorsque j'étais malade. Diane de Poitiers a applaudi à tout rompre. La reine semblait satisfaite. C'est elle qui a chorégraphié la plupart des pas, et le roi lui-même a montré beaucoup d'enthousiasme en applaudissant plus fort que les autres. Sa sœur Marguerite de Valois était présente, elle aussi, et elle s'est jointe à son frère pour féliciter la reine. Je dois admettre que cette dernière était resplendissante, au faîte de sa beauté, dans la mesure du possible. Le bruit court qu'elle est à nouveau enceinte. Elle semble toujours radieuse quand elle porte un enfant. C'est, j'imagine, la raison pour laquelle elle est si souvent enceinte – au moins sept fois depuis mon arrivée, dont une où elle a accouché de jumeaux, mais ils sont morts très jeunes. À mon avis, c'est le seul avantage qu'elle pense avoir sur Diane. Diane est trop vieille pour enfanter, mais elle n'en est pas moins belle. Cependant, ce soir le roi n'avait d'yeux que pour la reine. J'imagine qu'il devrait toujours en être ainsi, même si je n'aime pas beaucoup la reine Catherine. En public, il devrait lui accorder toute son attention. C'est un sujet dont je débats sans cesse avec les quatre Marie.

20 février 1554

Aujourd'hui nous avons patiné. La glace était idéale. Bien sûr, vingt valets de pied assistés d'une douzaine de serviteurs l'ont polie pour notre usage. Mais les conditions avaient beau être optimales, cela n'a pas été une partie de plaisir pour François. Il n'est à l'aise qu'à cheval. Le forgeron qui travaille aux étables a fabriqué de minuscules lames pour les bottes d'Henri et de Charles. Avec Marie Seton, nous patinons en tenant les petits entre nos jambes. Ils sont un peu gauches sur leurs patins. Je crois qu'il leur faudra attendre un peu avant de tenir en équilibre tout seuls. Plume aime beaucoup la glace. Elle trébuche çà et là, et finit souvent sur le ventre. Quant à Puce, il est tout simplement trop petit pour sortir par ce froid.

21 février 1554

J'ai passé toute la nuit à implorer Dieu à genoux. Un terrible drame s'est produit. Marie Beaton, malgré sa force et son courage, va peut-être mourir. Voici ce qui s'est passé. Aujourd'hui nous sommes sortis patiner. Avec Marie Seton, nous tenions les petits entre nos jambes quand soudain, Plume s'est laissée glisser sur le ventre jusqu'à l'un des piliers du pont, là où la glace était beaucoup moins solide, et elle est passée à travers. Nous avons entendu ses aboiements désespérés. Marie Beaton se trouvait tout près et, sans réfléchir, seulement guidée par son bon cœur, elle s'est précipitée au secours de la petite chienne. Avant même qu'elle ait pu parvenir jusqu'à elle, la glace a cédé et elle a disparu sous la surface. Nous nous sommes tous mis à hurler. Nous avons vu Marie remonter pour tenter de s'agripper mais la glace s'est désintégrée autour d'elle. Aucun d'entre nous ne savait nager et, quand bien même, cela nous aurait été impossible avec nos cerceaux, nos surcots, nos chemises et nos capes. Les gardes sont arrivés avec de longues perches et des cordes au moyen desquelles ils ont attaché Robin MacClean. Lui et un autre homme se sont mis à ramper sur la glace, qui a cédé à plusieurs reprises, mais les cordes les empêchaient de couler. Nous nous sommes tous mis à crier :

– Marie ! Marie !

– Je ne vois personne ! a crié Robin à son tour.

Et, courageusement, il a plongé sous la glace ! Il est resté sous l'eau pendant un long moment. Quand il a refait surface, il tenait dans ses bras, non pas Marie, mais Plume. Où était-elle donc ?

– Donnez-moi la corde ! ai-je crié à un autre garde. Il faut que j'aille chercher Marie, moi aussi.

Mais, une minute plus tard, Robin a hurlé :
– Je l'ai !

Il est parvenu à passer une corde autour de sa taille, et ils l'ont remontée. Mais son corps paraissait sans vie tandis que Robin gagnait la terre ferme d'un pas chancelant en la portant dans ses bras. Sa peau était bleuie par le froid et, derrière ses paupières entrouvertes, je ne voyais que le blanc de ses yeux. Entre-temps, quelqu'un qui avait emmené Plume s'est écrié :
– Le chiot est vivant !

Sauf qu'à ce moment-là, je ne me souciais guère de Plume. J'étais contente qu'elle soit en vie, mais j'ignorais si ma chère Marie passerait la nuit.

Je n'en sais toujours rien. Elle gît, inconsciente, le souffle court. Nous avons fait venir un prêtre afin de lui administrer les derniers sacrements. J'y pense sans arrêt : Marie ne doit pas mourir. Comment Dieu peut-il sauver un chien et pas elle ? Je n'ai pas l'intention de quitter son chevet. Je la veillerai toute la nuit.

22 février 1554

*L*a nuit est tombée. Les étoiles s'allument dans le ciel. Et Marie est toujours inconsciente.

23 février 1554

Un jour et une nuit se sont écoulés. Je ne supporte plus les aboiements des chiens. J'essaie de ne pas haïr Plume.

Plus tard

L'aube est là, chassant peu à peu les ténèbres. Mais les couleurs ont disparu des joues de Marie. Sa respiration saccadée m'évoque le vent du nord qui siffle sur les revêtements de cuivre des toits. Diane de Poitiers vient s'asseoir à côté de moi. Elle est la seule présence que je tolère. Les autres Marie me supplient de les laisser entrer, mais je m'y refuse. C'est trop horrible. J'ai vu Marie, la robuste Marie, se flétrir en quelques jours. On dirait que ses yeux s'enfoncent dans son crâne, elle a les joues décharnées, elle est déjà squelettique. Diane ne me lâche pas la main.

Encore plus tard

Comment décrire ce moment ? Je m'étais endormie sur ma chaise, au chevet de Marie Beaton. Soudain j'ai éprouvé une myriade de sensations, une impression de chaleur, puis le froid d'un courant d'air. J'ai alors senti comme une présence étrange dans la pièce. À travers les hautes fenêtres, un rayon de soleil est venu me réchauffer la joue. Puis quelque chose a remué. Ma première pensée a été de me demander si l'esprit de Marie passait de l'autre côté. Mais j'ai compris que ce n'était pas le cas. Une voix éraillée, venue de la nuit des temps, s'est élevée :

– Madame ?

– Marie ! s'est écriée Diane. Marie ! Elle s'est réveillée !

En un instant, j'étais sur le qui-vive. Je me suis tournée vers Marie Beaton. Elle avait les yeux grands ouverts. Son visage avait repris des couleurs.

– Que s'est-il passé ?

– Oh, Marie ! me suis exclamée, en même temps que Diane, en lui saisissant les mains. Oh, Marie, vous êtes revenue !

– Je vais chercher les autres Marie, a dit Diane en se levant d'un bond.

– Oh oui, allez-y. Vite ! ai-je crié.

24 février 1554

Nous sommes tellement heureuses que Marie Beaton nous soit rendue. Elle me demande de ne pas blâmer Plume et je crois que je n'en veux pas à cette pauvre bête, mais mes sentiments ne sont plus les mêmes à son égard, bien qu'il m'en coûte de l'admettre. Je crois que Marie Beaton le sent et Plume aussi, d'une certaine façon. Elle tourne inlassablement autour de Marie.

25 février 1554

La glace a fondu, et je n'en suis pas le moins du monde peinée, après tout ce qui s'est passé. En une nuit, il semble que le printemps soit revenu. Je me suis installée dans mon petit salon avec les quatre Marie. Assises autour de la table ronde près de la fenêtre, nous avons contemplé les champs au-delà de la rivière, qui commençaient à reverdir, en mangeant des brioches avec de la confiture. Le soleil inondait la pièce et nous avions l'impression d'être prisonnières d'une cage de lumière dorée. À cet instant, j'ai compris à quel point la vie est fragile et ce constat ne la rendait que plus précieuse.

Il faudra du temps à Marie pour récupérer. La cour doit bientôt rentrer à Paris mais, pour ma part, je dois faire halte à Meudon, au château des Guise, la famille de ma mère. L'enfant de mon oncle François et de ma tante Anne ne devrait pas tarder à naître, et il sera baptisé sous peu. Je dois aussi rendre visite à ma grand-mère Antoinette, que je n'ai pas vue depuis plusieurs mois.

27 février 1554

Les jours s'écoulent paisiblement : aucune de nous ne souhaite quitter Marie Beaton plus d'une seconde, aussi écourtons-nous nos activités à l'extérieur. La reine Catherine parle d'un nouveau ballet. Que Dieu nous en préserve ! Par ailleurs, elle passe beaucoup de temps avec Ruggieri dans sa tour, à inspecter des miroirs et des boules de cristal. Nostradamus est rentré chez lui à Salon, dans le sud, auprès de sa femme et de ses enfants. Il a la réputation d'être une forte tête. À l'inverse de Ruggieri, il n'est ni flagorneur ni intéressé. Il a prévenu la reine qu'il ne se déplacerait à Paris que pour les occasions particulières, et uniquement si sa famille vient avec lui. La reine lui aurait proposé de les installer dans des appartements luxueux au Louvre, mais il a refusé. Il n'empêche que la reine a besoin de connaître l'avenir, surtout quand elle est enceinte, aussi se repose-t-elle sur Ruggieri en l'absence de Nostradamus. Je n'y comprends rien. Si son devin lui prédit ce qui va se produire, qu'un enfant mourra en bas âge ou qu'elle fera une fausse couche, et que c'est le destin, à quoi bon connaître les faits à l'avance ? À mon avis, ces diseurs de bonne aventure et autres mages tuent l'espoir, et sans espoir, il est presque impossible de vivre. L'espoir, c'est l'air que nous respirons. Sans lui, nous suffoquerions. Pourrais-je aller de l'avant si je devais apprendre que je ne reverrai jamais plus ma mère ? Non, je ne crois pas. Je vis chaque jour dans l'espoir de revoir ma mère chérie et ma terre natale.

28 février 1554

Aujourd'hui nous avons appris que les rumeurs concernant la grossesse de la reine étaient fausses. À mon avis, elle a dû croire pendant quelque temps qu'elle était enceinte parce qu'elle était rayonnante jusqu'ici, et qu'elle semble avoir retrouvé sa mauvaise humeur habituelle. Mais je ne doute pas qu'elle sera bientôt exaucée.

1er mars 1554

Les champs prennent des tons vert pâle et se dissolvent dans le vert plus sombre de la forêt. Les cygnes sortent de leur abri hivernal et glissent sur le Cher, pareils à de petits galions. Je distingue une légère brume lavande émergeant d'un champ au loin. C'est le thym qui va bientôt fleurir. La vue de ces signes avant-coureurs du printemps me détourne de ma tâche. Mon maître de latin, George Buchanan, s'arrache les cheveux sur les étourderies de ma traduction. Mon professeur de mathématiques ne comprend pas que mon esprit s'embrouille lorsque j'essaie d'additionner des fractions. Ronsard s'est emporté en m'expliquant la structure complexe d'un vieux poème grec. Et c'est Ronsard encore qui m'arrache à mes rêveries :

– On dit que votre cousine Élisabeth, la fille de Henri VIII, est une excellente élève.

Je cille.

– Ne l'a-t-on pas emprisonnée sur l'ordre de sa sœur Marie, reine d'Angleterre ?

– En effet. Mais il paraît que la reine est souffrante et que ses jours seraient comptés. Et le peuple adore la princesse Élisabeth.

– Croyez-vous que la reine pourrait lui faire du mal ?

– J'espère sincèrement que non. Car Élisabeth a la sagesse et l'esprit qui font les véritables souveraines.

Je me suis immédiatement attelée à ce poème grec.

2 mars 1554

Le père Mamerot est venu me voir. Il m'a demandé d'examiner ma conscience à propos de la reine Catherine. Il me questionne avec tant de douceur que je me sens encore plus coupable. Peut-être que je m'accommoderais mieux d'un confesseur plus strict qui me punirait sur-le-champ avec sévérité. Mais ce n'est pas la méthode du père Mamerot. Il me demande d'aller plus loin. Il s'interroge : est-ce l'orgueil qui me pousse à me comporter de la sorte avec la reine Catherine ? Est-ce l'envie ? Jamais. L'orgueil, peut-être. Je n'en suis pas sûre. Elle ne m'intéresse pas, voilà tout. Il m'a demandé de réfléchir à tout cela. Je l'ai dévisagé, perplexe, et il a lu dans mes pensées :

– Je ne vous donne pas de pénitence car si vous ne comprenez pas les raisons de vos actes, Marie, vos rosaires ne parviendront pas jusqu'à Dieu.

3 mars 1554

Marie Beaton se porte assez bien pour voyager, la cour peut donc repartir pour Paris, mais je reste ici quelques jours de plus avant de prendre la route pour Meudon. Les quatre Marie me manquent beaucoup mais Diane est encore là, et elle m'a promis une longue promenade à cheval à travers la Touraine : nous passerons la nuit au couvent des calvairiennes et à l'abbaye de Fontevraud. J'attends cette équipée avec beaucoup d'impatience. Il n'y aura que Diane, moi, et nos gardes, bien sûr. Cependant, mes hommes écossais échangeront leur tenue contre les vêtements simples du palefrenier ou de l'écuyer d'une noble maison. Après ce petit périple, j'irai à Meudon voir ma grand-mère et mes oncles, ainsi que mon cousin nouveau-né.

P.-S. J'ai essayé de repenser aux recommandations du père Mamerot. Mais à chaque fois que j'y réfléchis, d'autres pensées s'insinuent dans mon esprit. Il vagabonde sans cesse. Un moment, je songe : « Oh oui, il faut que je me montre plus gentille avec la reine Catherine », et l'instant d'après je la revois en train de nous donner des directives pour le ballet. Elle est si sûre d'elle. Si fière. Et il n'y a pas que le ballet. Il y aussi sa façon d'encourager ses courtisans à la flatter. Sa façon de jouer de son autorité, d'avoir le dernier mot sur tout, de la mode à la gastronomie, en passant par la sculpture et le parfum.

4 mars 1554
À l'auberge des Deux Canards, près de la forêt de Rochereau

Quelle aventure ! Diane et moi, nous avons voyagé sous un déguisement, en prenant soin de dissimuler nos étendards et autres emblèmes royaux. Certes, nous avons nos gardes, mais pour les gens des villages et de la campagne alentour, nous ne sommes que des dames de la noblesse française parties se promener pour la journée. Ils ne savent pas où nous nous rendons – peut-être allons-nous visiter des parents dans un château voisin – car nous voyageons léger. Nos bagages, qui ne contiennent pas de vêtements, peuvent facilement se transporter à dos de cheval. Ici, à l'auberge des Deux Canards, qui se trouve près d'un étang où barbotent bien plus que deux volatiles, nous partageons la modeste pitance des gens de la campagne : une soupe épaisse et revigorante qui m'a semblé délicieuse après avoir enduré le froid toute la journée, du pain croustillant et des saucisses coupées en grosses rondelles. C'est d'ailleurs ce que j'ai préféré, et j'en ai fait part à Diane. Elle m'a expliqué que les gens d'ici sont très économes et que lorsqu'ils tuent le cochon, ils ne jettent quasiment rien. Ensuite, elle a eu la phrase la plus drôle que j'aie jamais entendue : une fois qu'ils ont préparé leurs jambons et leurs saucisses, il ne reste rien d'autre de la bête que son cri.

Plus tard

Diane et moi partageons un lit à l'auberge. Elle dort encore, mais l'aube se lève à peine et, assise près de la fenêtre avec une chandelle allumée, j'ai assez de lumière pour écrire. Nous avons échangé des confidences à voix basse jusque tard dans la nuit. Je lui ai parlé du nouveau ballet dans lequel la reine Catherine projette de nous faire figurer l'été prochain, au château d'Amboise.

— Comme c'est charmant ! s'est exclamée Diane, et j'ai répondu que je n'avais pas du tout le même sentiment.

Et soudain, j'ai laissé échapper la question qui me taraudait depuis longtemps :

– Diane, comment pouvez-vous être aussi affable avec la reine alors que c'est vous qui aimez réellement le roi et qu'elle vous traite avec mépris ?

– C'est vrai, parfois elle n'est pas tendre avec moi, a répondu Diane, mais elle m'écoute quand je lui parle de la cour, de vous, les enfants, et des conseillers du roi, car elle sait que le roi m'aime vraiment.

Puis elle a ajouté dans un soupir :

– La pauvre.

– Je n'arrive pas à croire que vous la plaigniez.

– Il est dur de ne pas être aimé.

– Ses enfants l'aiment.

Je n'ai pas osé ajouter : mais ils vous aiment encore plus.

Puis Diane a eu une phrase très mystérieuse :

– Pour savoir donner de l'amour, il faut en avoir reçu.

– La reine n'a-t-elle donc jamais été aimée ?

– Elle n'avait pas un mois lorsque ses parents sont morts. Elle s'est retrouvée orpheline dès le berceau. Elle a grandi dans un climat de grand danger : bien qu'elle fût la duchesse de Florence, les Florentins se sont soulevés contre les Médicis et ont assiégé leur palais. À huit ans, elle se trouvait au cœur d'une révolution. On a dû l'envoyer dans un monastère pour sa sécurité.

J'ai pensé à ma propre histoire, à la grande bataille de Pinkie Cleugh et au jour où on m'a emmenée au monastère d'Inchmahome. Mais j'étais avec ma mère et les quatre Marie. Il y avait toujours quelqu'un près de moi dont j'étais sûre de l'affection.

– Avait-elle des amis ? ai-je demandé en songeant aux quatre Marie.

– Non, pas à ma connaissance. À mon avis, la reine Catherine n'a jamais eu d'amis.

Quelle tristesse ! Je dois faire davantage d'efforts avec cette femme, aussi désagréable soit-elle.

5 mars 1554
Abbaye de Fontevraud

Hier, après avoir quitté l'auberge des Deux Canards, nous avons rejoint l'abbaye de Fontevraud. Nous sommes arrivées dans la soirée et nous avons passé la nuit dans le couvent des nonnes, que l'on appelle le Grand Moustier. C'est un endroit étrange. On y sent la présence de nombreux fantômes, ceux des lépreux et autres victimes des maladies les plus horribles et les plus dévastatrices car, autrefois, c'était un hôpital. On y côtoie aussi les esprits des pénitentes et des femmes battues par leur mari ou leur père qui venaient trouver refuge auprès des nonnes. Ou encore les spectres des Plantagenêt, la branche royale d'Anjou, qui engendra certains des plus illustres souverains d'Angleterre. Avec Diane, j'ai exploré les recoins de la chapelle, et nous avons trouvé les tombeaux du roi Henri II Plantagenêt, qui régna sur l'Angleterre il y a quatre cents ans, et de sa femme Aliénor d'Aquitaine, l'héroïne de Diane et la mienne. D'un tempérament audacieux, elle est allée jusqu'en Turquie et en Palestine lors de la deuxième croisade.

Nous avons également trouvé la tombe de leur fils, Richard Cœur de Lion, qui devint roi d'Angleterre et s'en fut lui aussi en Terre Sainte pour combattre les infidèles. J'ai marché parmi ces fantômes. Et soudain une pensée m'est venue. Supposons que j'aie vécu quatre cents ans plus tôt, et que le destin m'ait envoyée à la cour d'Aliénor d'Aquitaine afin d'épouser son fils Richard. Aurais-je aimé davantage cette femme que la reine Catherine ? Il paraît qu'elle avait une volonté de fer. Peut-être qu'aucun royaume ne tolère deux reines en son sein, qu'elles soient bonnes, aimantes, accommodantes ou réservées n'y change rien.

Demain nous partons pour Meudon.

8 mars 1554
Château de Meudon, près de Paris

Quelle joie de revoir grand-maman ! Elle est restée la même, semble-t-il. Bien qu'elle soit très âgée, elle n'a pas changé depuis notre première rencontre, lorsque je suis arrivée en France, il y a six ans. Mais je sais qu'elle a plus de soixante ans. Ses mains sont fripées comme du crêpe de soie. Sa peau est si fine qu'on voit battre ses veines d'un rouge sombre. Elle me taquine toujours quand je vais la voir, car elle se rappelle qu'il y a longtemps, je lui ai demandé, à la manière des petits enfants :

– Madame, pourquoi vos mains ressemblent-elles à des pattes de poulet ?

J'ai peine à croire que j'ai pu dire cela. Mais je l'ai pourtant fait car, depuis, grand-maman retire ses gants après m'avoir embrassée, pousse un petit gloussement de poule, et me demande si je veux voir ses mains. Elle a les yeux éteints et le dos voûté mais malgré tout cela, malgré ses pattes de poulet, elle a gardé une certaine jeunesse. C'est sans doute son humour, sa propension à rire de tout. En vérité, je ne crois pas avoir entendu rire Catherine de Médicis jusqu'ici. Quand je vais voir grand-maman, je sais d'avance qu'il y aura beaucoup d'occasions de s'amuser. Elle arrive même à faire rire mes oncles, qui sont pourtant les hommes les plus sérieux que je connaisse.

Cette fois, nous avons des questions importantes à régler à Meudon. Finalement, je vais devoir signer les papiers qui feront de ma mère la régente. Il y a aussi la question épineuse du comte d'Arran, duc de Châtellerault. Mais d'abord, grand-maman veut me montrer les dernières améliorations apportées au domaine de Meudon.

9 mars 1554

Je suis épuisée. La journée n'a pas été de tout repos. Bien entendu, j'ai dû signer les papiers concernant la future régence de ma mère, sans parler du comte d'Arran. Nous avons découvert que le comte, chargé d'administrer les biens de l'Écosse, a détourné une partie du trésor dont il était le gardien. Après avoir signé les papiers, je l'ai fait appeler dans la grande galerie. Je me suis assise sur le trône d'État, qui porte les emblèmes de la famille de mon père, la maison des Stuart, et de celle de ma mère, les Guise, qui appartiennent à la maison de Lorraine. Le trône est surplombé par le dais royal. Avec l'aide de mes oncles et de ma grand-mère, j'ai répété la déclaration que je m'apprêtais à faire (et dire qu'il y a peu, j'étais inquiète à l'idée de faire des pâtés en signant de mon nom ! Ce n'est rien à côté de tout cela). Mais j'ai été à la hauteur de l'événement et, d'une voix forte, j'ai dit :

– Comte d'Arran, duc de Châtellerault, en tant que reine d'Écosse représentée par la reine régente, ma mère, je vous informe qu'à partir d'aujourd'hui, à cet instant précis, vous êtes déchargé de votre fonction officielle à titre de gouverneur d'Écosse, et contraint de restituer les biens, bijoux et argent que vous avez pris sans autorisation. Nous vous déclarons coupable. Dans leur infinie miséricorde, la reine régente et le roi de France, mon propre représentant dans ce pays, vous autorisent à conserver vos titres mais, outre la restitution des biens, exigent des intérêts. Acceptez-vous ces conditions ?

– Oui, Votre Majesté.

– Allez trouver votre confesseur et amendez-vous auprès de notre Seigneur Jésus-Christ, à présent que vous avez obtenu le pardon de votre reine.

Mon premier acte royal. J'aurais préféré que ce ne soit pas une punition. J'aurais voulu commencer par une décision généreuse et solennelle visant à améliorer le sort de la nation, plutôt que par le vulgaire châtiment d'un homme cupide.

J'ai reçu de ma chère mère une lettre dans laquelle elle me conseille au sujet du comte d'Arran. Cette lettre est de celles que je ne suis pas censée montrer à mon oncle, aussi m'en a-t-elle fourni une autre à son intention. Selon toute apparence, ma mère estime qu'il existe à la cour des traîtres susceptibles d'intriguer pour le compte d'Arran. Elle me conseille d'être vigilante. Comme dans toutes ses lettres, elle termine par la même recommandation : un souverain doit toujours agir avec prudence et circonspection, jamais sur une impulsion.

10 mars 1554

J'ai écrit une lettre à mère concernant la signature des papiers, dans laquelle je lui transmettais des nouvelles fort encourageantes et lui racontais mon entrevue avec le comte d'Arran. Je ne voulais pas avoir l'air de me vanter, aussi me suis-je contentée de préciser que j'avais parlé d'une voix claire et ferme, que le comte avait reconnu ses crimes, et que je lui avais ordonné d'aller se confesser. Je suis certaine que mère sera contente de moi. J'ai ajouté que nous attendions l'arrivée d'un nouveau petit cousin d'une minute à l'autre, et que le roi Henri ainsi que la reine Catherine ont l'intention de venir assister à son baptême.

Plus tard

Ma tante Anne est sur le point d'accoucher, par conséquent grand-maman ne peut pas m'accompagner à la grotte, car elle doit être présente pour la naissance de l'enfant. Pour ma part, je ne suis pas autorisée à rester. Quel ennui ! Je m'évertue à enseigner à Puce le tour qui consiste à passer à travers un cerceau. Malheureusement, il apprend trop vite. Que vais-je bien pouvoir lui apprendre ensuite ? Un poème grec ?

11 mars 1554

Ma tante Anne est toujours en couches !

Plus tard

L'enfant n'est toujours pas arrivé.

Minuit

C'est un garçon ! Il est adorable ! Grand-maman est venue me chercher. Cet enfant-là est potelé avec des joues roses comme des pommes de Normandie, et une masse de cheveux noirs très raides. Le baptême aura lieu dans quelques jours. J'espère que François y assistera. J'ai l'impression que je ne l'ai pas vu depuis une éternité, et mes Marie me manquent aussi, mais je sais qu'elles ne viendront pas.

16 mars 1554

L'enfant a été baptisé ce matin. Il se prénomme Charles, et recevra le titre de duc de Mayenne. J'ai eu droit à une place d'honneur dans la chapelle et je suis restée près de mon oncle le cardinal pour garder le bonnet de l'enfant lorsqu'il a aspergé sa tête d'eau bénite.

Je me sens un peu nauséeuse, je crois que j'ai trop mangé au déjeuner. La table de ma grand-mère est renommée. Au moins quatre viandes différentes ont été servies : du cygne, du paon, du chapon et, ma préférée, du héron. Nous avons mangé des artichauts, des marrons cuisinés avec des asperges, et toutes sortes de tartes, aux prunes, aux pommes, à la crème.

J'essaie de surveiller mon comportement avec la reine. Figurez-vous que j'ai même demandé des nouvelles de notre maître de ballet, M. Balthazar ! Qui croirait que j'ai osé aborder le sujet ? La reine elle-même a eu l'air surprise. Non contente de m'enquérir du maître de ballet, je l'ai même questionnée au sujet de Mme de Parois. Je fais des efforts. À mon sens, il faudrait inventer le pendant de la confession : on devrait pouvoir raconter aux autres nos petits triomphes moraux. Mais je suppose que ce serait un péché d'orgueil, soit un de plus à confesser. C'est un cercle vicieux !

17 mars 1554

Je suis furieuse contre la reine Catherine. J'ai peine à croire ce qu'a fait cette femme horrible et insensible ce soir, à la table du banquet. Elle a envoyé son valet de chambre ordonner à François de se moucher plus souvent, « par égard pour sa santé ». Eh bien, il ne risque guère de se sentir mieux si on le sermonne en public. Cette femme a la délicatesse d'un sanglier. Et la même séduction, de surcroît. Le pauvre François était mortifié. À cet instant, j'aurais bien aimé que mon nez se mette à couler aussi, et j'aurais mis un point d'honneur à ne pas me moucher. Je l'aurais laissé couler sur le canard rôti et sur les asperges. J'aurais voulu renvoyer cette fille de marchand dans son Italie rien qu'en lui éternuant dessus. Je me moque bien qu'elle soit devenue orpheline à l'âge de deux semaines. Elle a passé beaucoup de temps au couvent en compagnie des nonnes, elle aurait dû y apprendre la gentillesse.

P.-S. Je dois avouer qu'écrire tout cela m'a soulagée bien plus qu'une confession. Mais j'imagine que je vais devoir rendre visite au père Mamerot dès mon retour à Paris avec la famille royale. Nous partons pour le Louvre demain. C'est le début de la Semaine sainte, et nous célébrons toujours Pâques à Paris.

18 mars 1554
Palais du Louvre, Paris

Quelle corvée que de rester à Paris quand le printemps revient ! Ce n'est vraiment pas l'endroit idéal pour la saison. Dieu merci, les quatre Marie sont ici. Ensemble, nous oserons peut-être protester. Au printemps, la campagne française est un endroit féerique. Nous devrions être à Chambord, à Chenonceau, à Anet, ou encore à Fontainebleau, mais sûrement pas ici, dans cette vieille ville malodorante. Le palais est situé près du marché, et les effluves les plus nauséabonds nous parviennent, de l'odeur du sang que dégagent les étals de viande à celle des légumes pourris conservés trop longtemps qu'on entasse près des étals des fermiers. Sans parler des égouts qui déversent leurs immondices, mais je n'entrerai pas dans les détails par égard pour la délicatesse. Je vous laisse imaginer : la plupart des Parisiens n'ont pas de commodités.

19 mars 1554

J'ai reçu une lettre de mère ainsi qu'un petit paquet dans lequel j'ai trouvé une feuille de papier soigneusement pliée. À l'intérieur, un mouchoir qui est tombé par terre en éparpillant des pétales de fleurs séchées – campanules, ajoncs, bruyère et chardons. C'était comme si toutes les montagnes d'Écosse se trouvaient soudain dans ma chambre. À ce moment précis, Janet Sinclair est entrée, les yeux écarquillés de surprise. Elle a jeté un coup d'œil à la ronde, comme si un esprit ou un lutin s'était brusquement matérialisé. Oui, on aurait cru que quelqu'un venait d'entrer dans la pièce.

– Qu'est-ce donc ? a-t-elle demandé en promenant son regard dans ma chambre comme pour y détecter une présence magique.

– Ceci, ai-je répondu en rassemblant les pétales dans

le mouchoir avant de le lui tendre. Ma mère a joint ceci à la lettre que j'ai reçue aujourd'hui.

Elle a pris le mouchoir et l'a humé en chuchotant des mots en gaélique : « *Michty aye... Michty aye*, oui, oui... *Chuffed* ». Les mots « heureuse », « ravissement » et *doss* – « magique » – revenaient sans cesse.

Janet parle un gaélique différent du mien et, bien que les mots soient souvent les mêmes, je ne comprends pas toujours ce qu'elle dit. Peu importe, tout cela sonnait très écossais. Tous ces mots décrivaient la même chose, ce pays sauvage si cher à nos cœurs. Elle me parle de la terre et de son relief accidenté, ses champs verdoyants mouchetés d'ajoncs d'un jaune éclatant, ses roches saillantes où les fleurs les plus délicates parviennent à s'épanouir. L'Écosse !

Janet était venue discuter de ce que je comptais porter à l'occasion du service des Ombres, qui a lieu le mercredi soir précédant Pâques. Je hais le service du mercredi car nous devons tous aller à Saint-Denis. La reine Catherine insiste pour que nous portions nos vêtements les plus sombres et les plus austères. L'office a lieu une fois la nuit tombée, dans l'abbaye de Saint-Denis, là où sont enterrés la plupart des rois et reines de France. Après la lecture du passage qui, dans l'Évangile selon Matthieu, raconte qu'un homme a offert une éponge trempée dans le vinaigre au Christ alors qu'il se trouvait sur la croix, le prêtre passe parmi les bancs, un linge imbibé de vinaigre à la main, afin que nous posions nos lèvres dessus. Nous ne pratiquons pas ce rituel en Écosse. Je crois qu'il vient d'Italie, et que c'est la reine Catherine qui l'a importé. Après tout, son oncle était pape. Mais je n'aime pas cela, et je ne parle pas seulement de l'acidité du vinaigre.

21 mars 1554

Dieu merci, le service des Ombres est terminé. Je ne retournerai pas à Saint-Denis avant dimanche et cette fois, je feindrai d'être souffrante. J'ai des maux d'estomac ces derniers temps, je n'aurai qu'à en parler à M. Bourgoing. C'est un homme très jeune et très gentil. Il me soupçonnera peut-être de jouer la comédie, car j'ai déjà eu recours à ce genre de stratagème pour éviter certaines cérémonies officielles, notamment celles présidées par la reine. Cette abbaye me donne la chair de poule. J'ignore pour quelle raison, mais en France, l'enterrement d'un monarque s'accompagne de rituels que je ne peux que qualifier de lugubres. On ôte le cœur du roi, de la reine ou du Dauphin, puis on embaume le corps et on conserve le cœur dans une urne qu'on entrepose dans le reliquaire de l'abbaye. Je trouve répugnant d'être mutilé de la sorte. L'idée de descendre dans la tombe avec des organes en moins me perturbe beaucoup. Je dois en discuter avec mes oncles.

Je ne veux pas subir cela. En tant que reine d'Écosse susceptible de monter un jour sur le trône de France, j'estime qu'il est de mon droit de déterminer ce qu'il adviendra de ma dépouille après ma mort. Si les Français s'y opposent, que l'on m'enterre en Écosse. Je me rappelle ce paisible cimetière noyé dans la brume sur l'île d'Inchmahome, au milieu du lac Mentieth. C'est là qu'on m'a emmenée après la bataille de Pinkie Cleugh.

Au moment de partir pour l'abbaye afin d'assister au service des Ombres, j'ai pris le mouchoir que m'a envoyé ma mère. L'odeur imprégnait encore le tissu, et quand le prêtre a fait passer son linge imbibé de vinaigre, je l'ai à peine effleuré des lèvres et juste après, j'ai porté le mouchoir à mon nez. J'ai fermé les yeux et, pendant quelques brèves secondes, j'ai été transportée dans un endroit sans ombres, sans prêtre sinistre, sans vinaigre et sans cadavres mutilés. L'Écosse occupait toutes mes pensées et, pendant quelques instants fugaces, j'ai eu l'impression d'être rentrée chez moi.

24 mars 1554

Quelle excellente nouvelle ! Lord Erskine m'a annoncé qu'un nouveau maître de musique a été engagé afin de remplacer M. Boulon qui est souffrant depuis quelques mois. Le nouveau venu est censé nous rejoindre à

Fontainebleau où nous nous rendrons juste après Pâques. Je dois pratiquer mon luth et j'aimerais aussi me remettre à la cithare, mais j'ai bien peur qu'elle ne soit désaccordée et il est quasiment impossible d'y remédier à moins d'être un expert. J'espère que ce nouveau professeur, le signore Marcellini, en sera capable. J'ai l'intention de demander à lord Erskine s'il serait possible de faire venir des musiciens écossais à la cour. Maintenant que j'ai ma propre maisonnée, j'aimerais pouvoir entendre de la musique écossaise avec une demi-douzaine, au moins, de cornemuses. Le son de ces instruments me met toujours d'excellente humeur ; je crois qu'il m'apporte un certain équilibre. J'ai parlé avec M. Bourgoing de ma théorie concernant la musique et l'équilibre des humeurs. J'aime bien M. Bourgoing car il prend toujours le temps d'expliquer. Quoi qu'il en soit, je crois qu'il est d'accord avec moi au sujet des humeurs et des effets bénéfiques de la musique.

Il existe quatre humeurs différentes : bile noire, bile jaune, flegme et sang, ayant pour origine la rate, le foie, le cerveau et le cœur. Un déséquilibre peut engendrer chez l'individu l'excès d'optimisme, la tristesse, l'apathie ou l'irascibilité. Pour ma part, je crois que je suis équilibrée. En revanche, le pauvre François montre tous les signes d'un excès de flegme responsable de sa lenteur, et sa mère, la reine Catherine, produit indéniablement trop de bile jaune. Elle est d'humeur bilieuse, en d'autres termes, prompte à se mettre en colère. La personne la plus équilibrée que je connaisse est Diane de Poitiers. Et je dirais qu'en seconde place, il y a Marie Beaton. Cependant, je suis persuadée que la musique peut tous nous aider, et en particulier celle des cornemuses. J'aurais plaisir à les faire entendre à la reine.

26 mars 1554

Je suis au comble de l'excitation. Ce soir, un petit concert s'est tenu dans le grand salon. Quand la musique s'est tue, je suis restée à bavarder avec François, Marie Seton et Marie Livingston. René le Florentin, l'un des parfumeurs que la reine a ramenés avec elle d'Italie – et qui, me dois-je d'ajouter, est bien plus agréable que Ruggieri et nombre de ses collègues –, s'est tourné vers nous en reniflant l'air :

– Je sens une odeur délicieuse, celle de la campanule...
– C'est exact, Monsieur. Ma mère m'a fait parvenir un mouchoir. Tenez, il est noué dans ma manche.

J'ai détaché le mouchoir avant de le déplier avec soin pour lui montrer les brins de bruyère, d'ajonc et les campanules séchés.

Le parfumeur s'est penché sur ma main. Il a les narines très dilatées, presque caverneuses. Un instant, j'ai craint qu'il n'aspire le contenu du mouchoir.

— Votre Majesté, avec votre permission, j'aimerais que le prochain messager qui se rend en Écosse me rapporte des échantillons de ces fleurs. Je lui confierai de quoi les envelopper convenablement afin qu'elles conservent leur fraîcheur. Ensuite, j'aimerais tenter de créer une essence à partir de ces fleurs afin que vous puissiez toujours garder en mémoire le souvenir intact de votre Écosse, a-t-il dit en me regardant droit dans les yeux.

— Comme c'est aimable, ai-je répondu. J'en serais ravie.

J'ai porté le mouchoir à mon nez et j'ai respiré le parfum qui commençait à se dissiper. Chaque jour, il s'évaporait un peu plus. Ce serait merveilleux d'avoir toujours une bouteille de ce parfum à portée de main si René le Florentin réussissait. Comment se fait-il que les odeurs aient un tel pouvoir sur notre cerveau ? Elles effacent les notions de temps et d'espace. Dernièrement, j'ai repensé à l'odeur du calvados que grand-maman sert à mes oncles et en un instant, je me suis transportée en Normandie, au château de Saint-Germain-de-Livet. À nouveau, j'ai porté le mouchoir à mon nez. Pourtant, cette odeur me serre le cœur. Elle me rappelle ma mère, et la douleur que me cause son absence est aussi vivace que le jour où elle est repartie après une courte visite, il y a trois ans de cela.

31 mars 1554
Château de Fontainebleau

Mme de Parois, qui nous a rejoints, est aussi revêche qu'à son habitude.

Je dois poser pour Clouet qui est chargé de faire mon portrait. C'est ma mère qui est à l'origine de cette démarche, et bien que Niccolo dell'Abate ait un talent considérable, elle et ma grand-mère le jugent trop fantasque. Il plante ses sujets dans des paysages mythologiques. Mère veut un portrait de moi en pied devant mon trône avec les emblèmes de l'Écosse et de la maison de Lorraine. Je devrai revêtir une robe spécialement conçue pour l'occasion, que mes oncles m'apportent demain.

1er avril 1554

La robe envoyée par ma grand-mère est un véritable fardeau ! Je ne m'imagine même pas la porter lors d'un bal. Le corsage chargé de bijoux pèse sûrement aussi lourd que l'armure d'un chevalier. Je suis fatiguée après avoir pris la pose pendant un quart d'heure. Pour couronner le tout, il fait une chaleur peu commune pour la saison, aussi les autres enfants et les quatre Marie jouent dehors près de la grande fontaine qui a donné son nom au château. Cette dernière, qui comporte cinq grands jets d'eau jaillissant de la roche naturelle, est l'endroit idéal pour pique-niquer par beau temps. Comme j'aimerais être avec eux ! Mais je dois me tenir bien tranquille dans l'atelier de Clouet et supporter le poids de cet horrible vêtement, une véritable torture ! J'en arrive à penser que je préfèrerais poser nue pour ce portrait que porter cette robe infernale ! Ce n'est pas bien difficile de prendre l'air solennel, mais Clouet me reproche d'avoir une expression renfrognée. Je ne dois pas devenir une reine revêche. D'après ce qu'il m'a raconté, Marie, reine d'Angleterre, a la mine sévère.

Plus tard

Autre séance de pose avec Clouet. Cet homme-là sait beaucoup de choses. Je l'ai questionné au sujet de la reine Marie, ma cousine. Il m'a dit qu'elle possède, selon ses mots à lui, une personnalité « particulière ». Je l'ai pressé de m'en dire plus et il a fini par me révéler qu'elle n'a jamais vraiment pardonné à son père d'avoir divorcé de sa mère, Catherine d'Aragon, pour épouser Anne Boleyn. Elle pense qu'Anne Boleyn était une sorcière et considère que la fille de cette dernière et d'Henri VIII, la princesse Élisabeth, ma cousine et sa demi-sœur, est une bâtarde : elle l'a d'ailleurs fait enfermer ! Mais ce n'est pas tout. La reine Marie a ordonné que l'on brûle les protestants et tous ceux qui ne reconnaissent pas les sacrements de l'Église catholique. Pour ma part, je crois profondément en ces sacrements, et le rebelle John Knox, qui mène la Réforme écossaise, et ses manœuvres visant à chasser l'Église catholique du pays, me désespèrent. Mais irais-je jusqu'à brûler cet homme et ceux qui ne partagent pas ma foi ? Je ne crois pas. Non ! Sûrement pas. Je ne me contente pas de le croire, je peux même assurer que je ne le ferai jamais !

Pendant la séance de pose, nos discussions m'aident à passer le temps. Le poids du corsage chargé de bijoux n'est rien comparé aux responsabilités qui pèsent sur une tête couronnée. Un jour je serai appelée à régner sur mon pays, et que ferai-je de ces réformateurs ?

9 avril 1554

Ce soir, je suis plantée devant mon miroir, à demi-nue. La peau de mon ventre est rouge et zébrée à cause de la robe que j'ai dû à nouveau porter aujourd'hui. Clouet me l'a promis : une fois qu'il aura fini de peindre le corsage, je pourrai échanger la robe contre un vêtement plus confortable. Je commence peut-être à m'habituer à son poids. Ou alors je l'oublie, distraite par nos conversations. Je pense sans arrêt à ma cousine, la reine Marie. On la surnomme Marie la Sanglante. Et dire que c'est ce nom que l'on retiendra dans les livres d'histoire.

Quelle horreur ! Lorsque je ne pense pas à elle, c'est Élisabeth, la princesse emprisonnée, qui occupe mon esprit. Clouet prétend qu'elle est ravissante et me ressemble beaucoup avec ses cheveux roux. Suis-je plus jolie qu'elle ? Je n'ai pas osé demander, par peur de passer pour une vaniteuse. Comment cette belle princesse occupe-t-elle ses journées ? Elle a presque dix ans de plus que moi, et pourtant je sens que nous sommes liées. Comme j'aimerais la rencontrer ! Pendant la séance de ce matin, perdue dans mes rêveries tandis que Clouet me peignait, j'ai dit que j'allais peut-être écrire une lettre à Élisabeth : après tout, nous sommes cousines. Un bruit mat m'a arrachée à mes réflexions. Clouet venait de laisser tomber son pinceau par terre. Il m'a regardée, les yeux écarquillés de terreur :

– Votre Majesté, ce ne serait pas sage. Supposons que cela parvienne aux oreilles de la reine Marie ? Elle soupçonnerait immédiatement un complot.

Il a raison, bien sûr. Comment ai-je pu dire pareille ineptie ? J'ai certainement commis un impair. D'un trait de plume, j'aurais pu menacer la paix fragile entre la France et l'Angleterre. J'aurais pu mettre en péril ma mère et tous mes sujets écossais. Je suis mortifiée par ma propre stupidité. Comme mes yeux se remplissaient de larmes, la séance de pose a été écourtée et j'ai pu me retirer. Et me voilà maintenant nue et bête devant mon miroir. J'ai encore la sensation de la robe sur ma peau. Serai-je un jour digne de porter la couronne dont on m'a déjà coiffée ? Je dois maîtriser mes émotions, tenir ma langue, me montrer moins impulsive et plus pondérée dans mes jugements. Je dois me résoudre à grandir.

15 avril 1554

C'est peut-être un signe, mais mon oncle le cardinal est venu me voir aujourd'hui pour m'informer que je dois commencer à me préparer en vue de ma première communion. Quelle meilleure preuve qu'il est temps pour moi de grandir ? Mais suis-je vraiment prête ? Ce n'est pas sûr. Ai-je suffisamment réfléchi et examiné ma conscience ? Dans ma vie, j'ai peu connu l'échec. Je sais me faire obéir de mes faucons. Je suis une excellente cavalière. J'ai très vite appris à manier le grand arc. Mes études, à l'exception des mathématiques, ne me donnent pas beaucoup de mal. Mais la première communion requiert d'autres qualités que celles que je possède déjà.

21 avril 1554

Le nouveau maître de musique est arrivé. Il se prénomme Lorenzo Marcellini. C'est un personnage très étrange, affligé de troubles nerveux et bourré de tics. Il bégaie et cligne de l'œil sans arrêt. Son visage n'est pas banal non plus, sachant qu'il louche un peu et qu'il a le nez tordu. Certes, il joue merveilleusement de la cithare et tous ses tics disparaissent alors comme par enchantement. J'ai hâte de reprendre mes leçons de musique.

22 avril 1554

*P*ar bonheur, le temps s'est à nouveau refroidi. Mon portrait avance bien. Entre les séances de pose, la préparation de ma première communion et les leçons de musique qui s'ajoutent à mes autres cours, je n'ai guère le temps de me consacrer à mes distractions favorites telles que les promenades à cheval, la fauconnerie et le tir à l'arc. Je ne dois pas me plaindre, cependant, car ces nouvelles activités m'aident à devenir meilleure et à me préparer à mes futurs devoirs de reine. Clouet m'a raconté que le père de la reine Marie, Henri VIII, était un musicien accompli doublé d'un compositeur. Il a grandement amélioré la qualité de la vie à la cour grâce à sa passion pour les arts. Les cours d'Écosse et d'Angleterre ont longtemps souffert de leur mauvaise réputation : on les jugeait vulgaires, dépourvues de raffinement, voire franchement barbares, du moins en comparaison des cours française et italienne qui représentent un idéal de culture et d'intérêt pour l'art. Aussi n'est-il pas futile pour une reine de consacrer son temps à des activités artistiques. J'ai discuté avec le signore Marcellini de mon désir d'apprendre à composer. Je devrais peut-être mettre en musique le poème que j'écris pour Ronsard. Mais dans l'immédiat, je dois reporter mon attention sur ma chère mère : j'ai prévu de lui raconter par écrit les préparatifs en vue de ma première communion.

24 avril 1554

Je pense aux rumeurs de poison qui circulent au sujet de la reine Catherine. Tout en écrivant ces lignes, je prie pour que personne ne découvre ce journal. Pourtant, je dois continuer à écrire. Si ma mère était là, je ne serais peut-être pas dans le même état d'esprit. Certes, j'ai des amis, mais pas de mère à qui confier mes pensées et mes angoisses secrètes. Une mère et sa fille partagent le même cœur, en quelque sorte. Il y a tant de choses que je ne peux révéler à ma mère du fait de la distance qui nous sépare ! Il est des secrets qu'une jeune fille ordinaire peut confier à ses meilleurs amis mais, en tant que reine, cela m'est interdit. Par conséquent, mon journal est devenu mon cœur de papier.

26 avril 1554

J'essaie de me montrer aimable envers le signore Marcellini. Cet homme, bien qu'il soit loin de m'agacer autant que Mme de Parois et la reine Catherine, me pose quelques problèmes. Je n'aime pas particulièrement me trouver en sa présence. En plus de ses tics nerveux et de son œil qui louche, il a très mauvaise haleine. Il empeste le fromage. Je ne supporte pas quand il se penche au-dessus de moi et qu'il pose ses mains sur les miennes pour corriger la position de mes doigts sur le clavier du virginal. Et pourtant c'est un excellent professeur de musique, enthousiasmé par mon envie d'apprendre à composer. En outre, il a invité les quatre Marie à se joindre à nos leçons et il nous a promis de nous faire travailler un quintette avec moi au virginal, Marie Beaton et Marie Livingston au luth, Marie Fleming et Marie Seton à la cithare.

29 avril 1554

Décidément, je ne manque pas d'occasions de pratiquer mon amabilité ! Le signore Marcellini vient souvent nous faire travailler notre quintette. Il ne cesse de nous proposer des séances de répétition. Bien que je préfère de loin cette activité au ballet, il passe beaucoup de temps ici et s'attarde souvent, si bien qu'à force j'ai l'impression d'être impolie si je ne l'invite pas à rester prendre un verre de cidre. Janet Sinclair insiste pour que je l'invite à chaque fois car il s'investit beaucoup dans nos leçons de musique : s'il n'est pas obligé de donner des cours au quatre Marie, il le fait pourtant car il a bon cœur.

Je m'entraîne aussi à être aimable avec mes oncles. Depuis leur arrivée, ils ne cessent de me parler de mon mariage. En vérité, je crois – j'en suis même certaine – qu'ils craignent que la santé fragile de François ne le voue à une mort prématurée. Je ne supporte pas l'idée de le perdre. Je le vois davantage comme un ami précieux que comme mon futur mari. Je peux partager les mêmes pensées, les mêmes secrets avec François qu'avec les quatre Marie. Combien de garçons peuvent assumer le rôle de confident ? Il est comme un frère pour moi, et même mieux que cela. Aussi, bien que je n'aime pas quand mes oncles me parlent de mariage, cela me gêne encore plus qu'ils abordent le sujet parce qu'ils craignent pour sa vie. Je sens l'ombre de la mort peser sur notre amitié. Je ne serais pas plus triste si le décès de François faisait de moi une veuve. La mort reste la mort, et sa perte me causera une peine immense, que je l'épouse ou non. Aussi préférerais-je que mes oncles cessent de me harceler. Je sais bien que tous les mariages royaux sont davantage des questions d'alliances, d'équilibre des forces, que de sentiments, mais ne peuvent-ils pas nous laisser notre amitié pour l'instant, plutôt que de jouer les oiseaux de mauvais augure ? François disait vrai, lors de cette fameuse partie d'échecs : nous sommes moins les enfants de nos parents que des pions sur le gigantesque échiquier de l'Europe, et je n'ai été choisie que pour déjouer les projets de l'Angleterre. Parfois je me demande à quoi ressemblerait ma vie si j'étais une personne ordinaire, d'extraction modeste, et si je me mariais simplement par amour et non pour des questions de stratégie politique. Je crois qu'en pareil cas, j'épouserais quand même François, car c'est un garçon adorable et d'un naturel bon.

2 mai 1554

Je m'apprête à livrer de lourds secrets dans ces pages, mais il faut pourtant que je les couche sur le papier car ils me hantent depuis la dernière fois que j'ai écrit. Jusqu'à ce que je me demande ce qu'il en était pour les gens modestes, je n'avais jamais envisagé le mariage qu'en termes de politique, de pouvoir et de royaumes. Maintenant, cette pensée s'est immiscée dans mon esprit et a tout balayé comme une rafale de vent. Ma tête et mon cœur sont en proie à un grand tumulte. Certes, François est adorable et d'un naturel bon. Nous sommes souvent complices dans les études comme dans la chasse ou le jeu, mais je ne peux m'empêcher de m'interroger : et si François était plus grand – aussi grand, disons, que Robin MacClean, le chef de mes gardes ? J'ai en tête le souvenir précis de Robin portant Marie Beaton sur la berge à Chenonceau, ses larges épaules ruisselantes d'eau. Et des glaçons qui se formaient dans sa barbe aux reflets roux sombre. Est-ce que François aura une barbe, lui aussi ? Sa peau est aussi fine que la mienne. Quand je pense à tout cela, je sens une certaine agitation naître en moi. C'est un sentiment nouveau. J'ignore ce que je ressens au juste, mais c'est une sensation grisante qui me fait monter le rouge aux joues. Je n'ai pas besoin de me regarder dans le miroir pour le savoir.

Deux minutes plus tard

Janet Sinclair vient d'entrer dans ma chambre en s'exclamant :

– Mon enfant, avez-vous de la fièvre ? Vous êtes écarlate.

Je me suis retenue de ne pas refermer mon journal d'un geste brusque, de peur de me trahir et de susciter sa curiosité.

– Oh non, ai-je répondu. Je viens seulement de tousser.

J'ai fait mine de m'éclaircir la gorge et elle a paru convaincue. Puis elle m'a annoncé que le signore Marcellini venait d'arriver pour ma leçon de musique.

– Encore ! me suis-je écriée.

– Oui, il veut que vous soyez prête pour le banquet du solstice d'été.

J'ai répondu que c'était ridicule : ce banquet aura lieu dans des semaines ! Et nous ne serons même plus ici mais à Chenonceau ou à Amboise !

P.-S. Mon portrait est presque achevé.

4 mai 1554

Le temps s'est à nouveau réchauffé et à présent, j'ai le droit d'aller pique-niquer avec les autres enfants près de la grande fontaine, car ma présence n'est plus vraiment nécessaire à Clouet pour achever mon portrait. Robin MacClean nous accompagne : il a promis d'apporter un lance-pierres et de nous apprendre à lancer des projectiles le plus loin possible.

Plus tard

Quelle horreur ! Le signore Marcellini a insisté pour se joindre à notre pique-nique. Il est arrivé avec sa cithare et a décrété que la musique était l'accompagnement idéal en pareille occasion. À vrai dire, je me serais contentée du bruissement des feuilles et du murmure de l'eau qui jaillit de la fontaine. Il s'est assis à côté de Marie Fleming et j'ai remarqué qu'elle était exceptionnellement silencieuse. Je n'ai pas pu m'empêcher de comparer les hommes qui nous tenaient compagnie. Il y avait lord Erskine, John Kemp, l'époux de Janet Sinclair, qui sont tous deux des hommes corpulents mais d'allure noble, et qui ont des manières simples, chaleureuses. Puis il y avait François. Il transpirait un peu et sa peau avait un aspect presque translucide. Son visage ne prend jamais de couleurs, même lorsqu'il fait très chaud. Il avait les épaules voûtées et son nez coulait, comme d'habitude. Ensuite venait le signore Marcellini, et ses éternels tics nerveux, qui bégayait et renversait sa nourriture sur la nappe que nous avions étendue sur le sol. Manifestement, il n'a pas l'habitude de cette mode française qui consiste à déjeuner par terre. Enfin, il y avait Robin MacClean, adossé à un immense chêne, dont les épaules couvraient la largeur du tronc. Une grâce tranquille émane de lui ; ses yeux bleu vif soulignés de rides semblent toujours sur le qui-vive. Mon cœur se met à battre la chamade quand je l'aperçois. Mais quand mon regard s'est à nouveau posé sur François, ma poitrine s'est serrée. Je me suis sentie perdue.

J'attendais ce pique-nique avec impatience, et voilà qu'à présent, je suis destabilisée.

6 mai 1554

Marie Fleming est excessivement calme, ces derniers temps. Cela ne lui ressemble pas. Je prie le ciel qu'elle aille bien.

Mes oncles sont rentrés à Meudon aujourd'hui. Je leur ai confié une lettre pour grand-maman. J'espère lui rendre visite d'ici peu et revoir par la même occasion mon petit cousin et ma chère tante. Il a sans doute beaucoup grandi depuis son baptême.

7 mai 1554

Ces derniers temps, j'ai travaillé avec assiduité à l'écriture de distiques et de quatrains en compagnie de Ronsard. À présent, je crois que je peux m'atteler à des poèmes plus longs. Aujourd'hui, je me suis rendue seule à l'endroit où nous avons pique-niqué l'autre jour. J'ai essayé d'écouter le murmure de l'eau et le bruissement des feuilles. J'aurais voulu que le temps s'arrête et entendre, ne serait-ce qu'une minute, l'étrange musique de l'éternité car, à mon sens, c'est de là que vient la poésie, de ces moments perdus que l'on recrée pour les rendre éternels.

8 mai 1554

On nous a demandé d'accompagner la reine ce soir, car le signore Marcellini donne un concert avec d'autres musiciens de la cour. Marie Fleming ne se sent pas bien, aussi ne viendra-t-elle pas avec nous. Elle a aussi manqué notre leçon de musique hier.

Quelque chose ne tourne pas rond chez elle mais je ne suis pas sûre que cela ait à voir avec sa santé. Elle est trop silencieuse. Les autres Marie s'en sont aperçues, elles aussi. J'aimerais que le roi Henri assiste au concert de ce soir, mais il est parti avec Diane à Anet. Un bal a lieu après le concert et d'ordinaire, le roi est mon cavalier favori.

Plus tard

En revanche, vous pouvez imaginer qui n'est pas mon cavalier préféré : le signore Marcellini. Il gesticule telle une marionnette aux fils emmêlés. Oh, Seigneur, je m'efforce de rester gentille et polie, mais c'est difficile. J'ai aussi dansé avec M. d'Humaniers qui est très agile pour un homme de son âge. Ronsard est un excellent danseur. François m'a avoué qu'il a failli s'étrangler de rire en me voyant avec le signore Marcellini.

9 mai 1554

*L*es leçons occupent toutes mes journées. Notre maître de latin, George Buchanan, est très en colère contre Marie Beaton qui bâcle ses traductions. Maître Buchanan perd rarement son sang-froid, le travail de Marie devait être particulièrement médiocre. Il a levé les yeux au ciel et a marmonné quelques mots en latin, qui signifiaient en substance : Cicéron doit se retourner dans sa tombe. Le signore Marcellini est arrivé pour notre leçon de musique avec la main bandée. Marie Livingston lui a demandé ce qui s'était passé. Il lui a donné une réponse vague au sujet d'un incident malencontreux avec un coupe-papier. Mais les lames des coupe-papier ne sont pas effilées à ce point, elles ne servent qu'à découper les pages encore collées des livres neufs. Je déteste être la première lectrice d'un livre pour cette seule raison. On perd tellement de temps à découper les pages avant de pouvoir les lire.

12 mai 1554

*F*rançois est encore malade. Nous faisons d'interminables parties d'échecs. Il pleut. Marie Fleming s'enferme de plus en plus dans son silence. Marie Livingston n'est plus capable d'inventer la moindre chansonnette comique, et je peine sur mon poème pour Ronsard.

Nous sommes tous très las de Fontainebleau. Quel endroit morose quand il pleut ! Par temps couvert, l'ardoise bleue de ses toits prend un aspect triste et sévère. On dirait que le château tout entier pleure sous la pluie. Nous manquons d'air dans nos appartements. Mme de Parois et les Italiens passent beaucoup de temps ensemble à bavarder. D'après les bribes de leurs conversations, ils ne cessent de médire.

Oh, j'entends du remue-ménage et des aboiements en provenance de la pièce où ils se sont rassemblés. Il faut que j'aille voir cela de plus près.

Plus tard

*F*urieuse ! Je suis absolument furieuse. Un des amis de Mme de Parois a donné un coup de pied à Puce qui venait de se glisser dans la pièce et qui, apparemment, s'était mis à mordiller le soulier de l'une des dames présentes. Quand je suis entrée, le museau de Puce était en sang ! Ma réaction a dû être effrayante à voir, car un silence brutal s'est abattu sur l'assemblée.

– Sortez ! Sortez tous !

Je mourais d'envie de les insulter mais je ne voulais pas me donner en spectacle.

14 mai 1554

Je suis alitée avec une bronchite : j'ai beaucoup de fièvre et la tête lourde, mais je dois écrire. Après m'être emportée contre les amis de Mme de Parois, j'ai ordonné à Minette d'aller chercher ma tenue écossaise – ma grossière tunique de lin, mes peaux de bête, mes tartans, mon *brat*, et mes bottes lacées. Avec son aide, j'ai enlevé mes cerceaux, ma robe, mon surcot.

– Où allez-vous, Votre Majesté ?
– Je sors. Seule. Que cela reste entre nous.
– Bien, Majesté.

Ses yeux se sont tournés vers la fenêtre : dehors, la pluie tombait à verse.

J'ai pris Puce dans mes bras et je l'ai emmitouflé dans mon *brat* pour qu'il reste au sec. J'ai défait ma couronne de tresses et laissé mes cheveux flotter sur mes épaules, puis j'ai enfoncé un béret sur ma tête et je suis sortie.

De grosses rafales de vent projetaient la pluie sur mon visage. Je me rappelle qu'il y a fort longtemps, lorsque nous avons traversé la Manche pour gagner la France, nous naviguions contre le vent, si bien que les marins avaient dû rentrer les voiles et ramer jusqu'au rivage. Aussi, me souvenant de ces marins, j'ai serré mon *brat* contre moi pour ne pas qu'il s'envole et, la tête rentrée dans la poitrine, j'ai commencé à avancer tant bien que mal.

Le temps que j'atteigne la fontaine, je ruisselais de pluie, mais je me sentais bien. Et soudain, tandis que j'étais assise là, sous l'averse, à bercer Puce dans mon *brat*, une musique étrange, presque surnaturelle s'est élevée, d'une beauté si bouleversante que mon cœur s'est serré. C'était l'écho sauvage et solitaire d'une cornemuse ! J'avais demandé à lord Erskine de faire venir des musiciens mais ils ne pouvaient pas être déjà arrivés ! La pluie avait presque cessé et une légère brume s'élevait du bassin de la fontaine pour aller se perdre entre les arbres. Pendant quelques instants, je me suis sentie complètement perdue. M'étais-je subitement découvert le pouvoir de me transporter d'un royaume à l'autre tel le fantôme d'une reine ? C'est alors qu'une silhouette a émergé de la brume. J'ai retenu mon souffle. Robin ! C'était Robin MacClean qui jouait, son *brat* drapé sur l'épaule.

– Robin ! me suis-je écriée.

Il s'est arrêté de jouer, visiblement aussi surpris que moi :

– Votre Majesté !

Nous sommes restés un moment silencieux, puis j'ai fini par lui expliquer en bégayant que, ne supportant plus les bavardages des courtisans, j'étais venue trouver refuge ici malgré le mauvais temps. J'ai ébauché un geste en direction du ciel.

– On a vu pire, Votre Majesté. En Écosse, ce temps-là ne ferait sourciller personne. Auriez-vous oublié votre pays ?

J'ai senti mes joues s'empourprer tandis qu'un sanglot me nouait la gorge.

– Jamais ! me suis-je écriée d'une voix brisée par l'émotion. Je donnerais tout pour y retourner. Ma mère me manque terriblement et, ici, à la cour, tout est si vieillot et si… si… Mais je n'ai pas pu finir ma phrase.

– Oui, Majesté, je comprends.

Et une lueur de compassion s'est allumée dans ses yeux bleus. Puis il a eu pour moi des mots extraordinaires que je chérirai jusqu'à la fin de mes jours, des mots plus précieux que n'importe quelle pierre de mon coffre à bijoux.

– Je regarde le visage de Votre Majesté et je vois l'Écosse. Les mers s'évaporent, les continents se dissolvent et, oui, je vois ma terre natale.

Alors il s'est remis à jouer de la cornemuse. Il m'a dit qu'il s'exerçait avant l'arrivée des musiciens écossais le mois prochain. Il a joué pendant une heure, et j'ai senti que mon âme s'apaisait, même si j'avais encore le cœur meurtri. Mais souffrir, c'est être humain, sentir le sang couler dans ses veines. J'ai gardé les yeux rivés sur Robin MacClean et j'ai gravé dans ma mémoire chaque trait de son visage. J'ai honte d'éprouver de tels sentiments.

Bref, me voilà alitée avec une bronchite. Mais cela n'a pas d'importance. J'entends encore la musique que m'a jouée Robin. Je sens encore la caresse de la brume sur ma joue, et je revois les rides qui s'épanouissent, tels des rayons de soleil, autour de ses yeux bleu vif. Ma poitrine se serre, et si je dois avoir le cœur meurtri, qu'il en soit ainsi. Je ne suis pas qu'une reine, je suis un être humain et, un jour, je deviendrai une femme.

18 mai 1554

Je me sens mieux, mais trois des quatre Marie sont tombées malades à leur tour. Pas Marie Fleming. D'un côté, je préfèrerais qu'elle soit malade, elle aussi. Cela expliquerait son comportement bizarre. Aujourd'hui, elle a paru contrariée quand Mme de Parois a insisté pour qu'elle continue les leçons de musique avec le signore Marcellini en dépit de notre état de santé. Je n'en voyais pas l'utilité, aussi ai-je envoyé un message à Mme de Parois l'informant qu'il n'y aurait plus de leçons de musique jusqu'à ce que je sois complètement rétablie.

1er juin 1554

Cela fait presque deux semaines que je n'ai pas écrit. Mon état a brusquement empiré. J'ai même déliré à cause de la fièvre, et on m'a fait subir une saignée. Le docteur Bourgoing a fini par y consentir. Je délirais tellement que je n'ai pas senti la lame pénétrer dans la chair de mon talon. À présent mon pied est couvert d'ecchymoses et me fait souffrir quand j'appuie dessus. J'ai fait des rêves étranges, agités pendant ce qui m'a semblé une éternité. J'ai beaucoup rêvé de Robin MacClean.

Dans l'un de mes songes, nous étions debout dans le bassin de la fontaine et il jouait de la cornemuse pour moi. Cela semblait si réel. Je pouvais presque sentir l'eau dégouliner le long de ma jambe. Dans un autre rêve, nous nous trouvions tous deux en Écosse, au bord du lac Mentieth, au prieuré de l'île d'Inchmahome. Nous étions les deux seuls habitants de l'île, et Robin a suggéré que l'on en fasse le tour à la nage. « Mais je ne sais pas nager, ai-je répondu. » « C'est très simple, a-t-il dit. Je vais vous apprendre. Montez sur mon dos. » Je me suis exécutée. J'ai agrippé ses larges épaules et le mouvement de son corps dans l'eau s'est bientôt imprimé dans mon esprit, alors j'ai décrété : « Je peux nager toute seule. » J'ai desserré mon étreinte et je me suis laissée flotter. Nous avons nagé ensemble autour de l'île. Debout sur un rocher près du rivage, François nous faisait de grands signes. Il avait une expression à la fois douce et triste sur le visage. « Oh, Marie ! Marie ! s'est-il écrié. Tu es une très bonne nageuse ! » « Viens, François. C'est facile. » « Non, je ne pourrai jamais. Toi, Marie, tu es belle et forte. » Je me suis tournée vers Robin et j'ai vu à son air ravi qu'il partageait le même avis.

J'espère seulement que, dans mon délire, je n'ai prononcé le nom de personne.

2 juin 1554

Je me prépare en vue de la visite de l'évêque de Galloway accompagné d'une délégation écossaise. Bien entendu, ils apportent des lettres provenant des factions et partis rivaux du pays. Je crains que l'évêque ne cherche à obtenir le pardon du comte d'Arran, jugé coupable d'avoir dérobé l'argent du trésor royal. Évidemment, il n'est pas question de lui rendre ses privilèges, dont il a abusé. Mais je suis prête à faire preuve d'indulgence. J'ai évoqué ce sujet dans une lettre à ma mère et j'ai reçu sa réponse hier. Cette lettre-là, plus que toutes les autres, ne doit pas tomber entre les mains de mon oncle le Balafré. On peut imaginer sans mal ce que le vieux guerrier pense de la clémence envers ceux qui ont trahi sa confiance. Mère me met en garde : étant d'une nature impulsive, je dois me contenter d'écouter et de montrer des signes d'ouverture. Je n'ai pas besoin de me décider en présence de ces gentilshommes. « Ne prenez jamais de décision en public », écrit-elle. Dans ma réponse, je dois lui exposer en détail mes intentions concernant le comte d'Arran, puis elle me donnera ses impressions sur la question. J'ai fait une liste des points importants de sa lettre, que je consigne dans ce journal, concernant l'attitude que je devrai adopter au cours de l'audience, puis je me suis débarrassée de ladite lettre.

Ce dont je dois me souvenir quand je recevrai l'évêque et la délégation écossaise :

Ne négliger aucun des membres de la délégation.

Regarder chaque gentilhomme droit dans les yeux quand je m'adresse à lui.

Questionner autant de ces messieurs que possible, en m'assurant de désigner chacun par son titre complet (cela, je le savais déjà !).

À la fin de l'audience, je dois résumer brièvement tout ce qui a été dit – afin de prouver que j'ai écouté – et conclure avec la déclaration suivante : « Messieurs et Monseigneur l'évêque, j'ai prêté une oreille attentive aux sujets que vous avez évoqués. Soyez certains que je prends ces questions à cœur et que j'y réfléchirai avec le plus grand sérieux. Je vous sais gré de votre indéfectible loyauté envers l'Écosse. »

Ensuite je dois les inviter à un banquet spécial auquel mon futur époux, François, devra assister. Il est très important qu'il soit présent afin de rappeler constamment aux esprits les liens vitaux qui unissent la France à l'Écosse, et de donner un avertissement fort aux Anglais.

5 juin 1554

*F*rançois a vomi au cours du banquet donné en l'honneur de la délégation écossaise ! Et en plein sur le surplis de l'évêque ! Puis il s'est évanoui. Cela n'a pas renforcé les relations franco-écossaises, c'est certain. J'étais mortifiée et François aussi, évidemment. J'ai fait de mon mieux pour garder une contenance avant de m'apercevoir que c'était peut-être une mauvaise idée, dans la mesure où ils pourraient penser qu'il fait cela tout le temps. Tout se passait si bien jusqu'alors ! J'avais suivi à la lettre les conseils de ma mère. Quand je lui ferai le compte-rendu de cette rencontre, je ne mentionnerai pas le malaise de François, même si je devrais peut-être l'en informer, car la délégation écossaise, elle, s'en chargera certainement.

Quant aux faveurs qu'ils demandaient pour le compte du duc de Châtellerault, elles étaient moins nombreuses que ce que j'avais prévu. Ils ont uniquement requis une réduction des intérêts sur le remboursement de la somme qu'il doit. J'ai suivi les instructions de ma mère. Je n'ai ni accepté ni refusé leur proposition mais je leur ai promis de considérer la question. Peut-être ai-je suggéré que ce n'était pas trop demander, à mon sens.

Néanmoins, je suis épuisée car j'ai convié la majeure partie de la délégation à chasser et à se promener à cheval avec moi. J'ai senti que je devais compenser la faiblesse de François par ma propre vitalité. Pauvre François, il est désespéré. Je lui répète sans cesse de ne pas se tourmenter à ce sujet. Le mal est fait. On ne peut le défaire, cependant les gens finiront par oublier. Mais il sait lire entre les lignes et me répond :

– Marie, les gens n'oublient pas quand un Dauphin

destiné à monter sur le trône vomit lors d'un banquet officiel.

Il a raison mais je n'ai pas le cœur à le lui dire.

7 juin 1554

Je suis folle de rage. Je croyais que les quatre Marie comprendraient mon embarras à propos du malaise de François lors du banquet, et la situation délicate dans laquelle je me trouve. Mais ce matin, en entrant dans la chambre de Marie Fleming, je les ai entendues rire comme des folles. Je leur ai demandé de me faire connaître la raison de leur hilarité. Elles se sont tues brusquement, et plus j'insistais, plus elles paraissaient hésitantes. J'ai fini par comprendre toute seule.

– Un nouveau poème ? Dites-le moi, Marie.

Alors, les yeux baissés, elle s'est avancée et m'a récité sa méprisable chansonnette :

François dîne avec des rois et des seigneurs
Mais voilà qu'il a un haut-le-cœur
Il rote, blêmit puis devient écarlate
Avant de décorer l'homme assis à sa droite.

Je bouillais littéralement. Je suis sortie de la pièce en trombe et ne leur ai pas adressé la parole de la journée.

8 juin 1554

Nous partons pour Anet dans trois jours. Les quatre Marie et moi-même sommes au comble de l'excitation. Diane a prévu un bal masqué en notre honneur. Nous passons beaucoup de temps à réfléchir à nos costumes. Ah oui, je ne suis plus en colère contre les quatre Marie. Difficile de leur en vouloir trop longtemps avec toutes ces distractions en perspective.

*16 juin 1554
Anet*

Nous sommes de retour à Anet, enfin ! Bien entendu, la reine Catherine n'est pas avec nous, elle ne vient jamais ici. De mon côté, j'ai passé quelques jours à Meudon auprès de grand-maman. Le petit Charles a tant grandi ! Maintenant, il roule sur le côté, sourit et attrape les objets que l'on agite devant lui. Ma tante Anne et grand-maman espèrent de tout cœur que la reine Catherine sera bientôt enceinte car son humeur s'en trouve meilleure. Elle a perdu un nombre incalculable d'enfants. J'ignorais qu'elle était mariée depuis près de dix ans lorsque François est né. Pour ma part, je ne m'imagine pas avoir des enfants. Je sais que j'en veux mais quand je me les représente, ils ont déjà quatre mois au moins, de bonnes joues et ils sont aussi adorables que Charles. Mais leur conception proprement dite me semble très mystérieuse, bien que je sache plus ou moins comment on en arrive à ce résultat. J'en ai un peu discuté avec les quatre Marie.

Ronsard se trouve à Anet, lui aussi. Nous entrons dans le début de l'été, l'époque à laquelle les jours sont les plus longs. Les nuits passent comme par magie, illuminées par le clair de lune et les étoiles. Le crépuscule s'étire de sept heures à dix heures du soir et, dans ce laps de temps, le monde se teinte en bleu lavande puis en gris tendre avant que les ténèbres ne s'épaississent. C'est pourquoi notre bal masqué ne débutera qu'une heure avant minuit. Nous espérons que le roi y assistera. Oh, il viendra certainement, car il adore se déguiser avec Diane et danser sous les étoiles.

Avec Ronsard, nous avons beaucoup étudié les littératures grecque et latine où il est question des anciens dieux païens qui sortent folâtrer pendant la nuit la plus courte de l'année. Nous voilà donc tous en train de choisir la divinité ou la créature magique que nous voulons incarner. Janet Sinclair, son mari, John Kemp, et lord Erskine ont l'intention de se rendre au bal sous les traits des trois Parques qui tissent le fil des destinées humaines. Diane portera sans doute le costume de son homonyme, la déesse de la Lune et de la Chasse, et si le roi Henri vient, il sera Phébus, le dieu du Soleil. François songe à se déguiser en Cupidon, avec un arc et des ailes dorées. Marie Seton veut y aller en Phillida, une bergère, et moi, en Philomène, mais tous protestent, jugeant son histoire trop triste. Le roi Térée lui coupa la langue de peur qu'elle ne révèle à la femme de ce dernier, sa propre sœur, que c'était elle qu'il aimait. Térée finit par abandonner Philomène et raconta à tout le monde qu'elle était morte. Mais Philomène survécut et fut transformée en rossignol afin de raconter son histoire de sa plus belle voix. Maître Cellini est ici, et il nous aidera à confectionner nos costumes. Il m'a dit qu'il pourrait me dessiner une magnifique robe avec des ailes incrustées de pierres précieuses et un masque en plumes. Il ne reste que quelques jours avant le bal du solstice, nous devons donc nous mettre au travail sans attendre.

17 juin 1554

*I*ci, tout se passe à merveille ou presque. Ronsard, Cellini et tous les grands artistes de la cour adorent Diane. Elle organise des lectures de poésie presque tous les soirs. Et si nous ne restons pas dans le salon de musique à écouter Ronsard ou quelque musicien émérite – je ne parle pas du signore Marcellini, dont le talent s'exprime moins bien ici –, nous nous installons dans sa magnifique bibliothèque qui renferme l'une des plus belles collections de France, et même d'Europe, selon certains. Quantité de ses livres sont recouverts d'arabesques dorées, de velours cramoisi et d'émaux. Elle nous laisse les sortir de leurs rayons pour les lire.

Outre les livres, Diane possède des manuscrits très anciens et très rares : l'un date de 1358, une époque difficile à se représenter tant elle est lointaine. Un autre a été écrit de la main d'un chevalier normand en 1422. Diane nous encourage tous à nous plonger dans ces livres et ces manuscrits. Elle est si différente de la reine Catherine ! La première phrase que j'ai apprise à la cour de France quand j'ai rencontré la reine est : Ne touchez pas. J'imagine que ce sont aussi les premiers mots qu'apprennent ses enfants. Elle est d'une possessivité maladive. Elle tremble à l'idée que ses précieux livres, ses bijoux ou autres soient endommagés. Diane est tout l'inverse. Nous sommes tous très joyeux, excepté Marie Fleming qui se renferme de plus en plus à mesure que les jours passent. Il faut que je lui parle en tête-à-tête. Le moment est venu.

18 juin 1554

Marie Fleming garde un silence buté. Elle m'a demandé de ne pas lui poser de questions puis s'est tue, le visage fermé. On aurait cru qu'elle s'était transformée en pierre. Une lueur obstinée brillait dans ses yeux, comme si elle mettait sa souveraine au défi de lui arracher son secret.

19 juin 1554

Nous avons fait les premiers essayages de nos costumes. Marie Seton se déguise en bergère, Marie Fleming en fée Viviane, la dame du Lac. Beaucoup estimaient que j'aurais dû être Viviane mais, voyez-vous, je suis une véritable reine et non une créature magique. Je préfère incarner un rossignol et si l'histoire est trop triste, les gens n'auront qu'à s'en inventer une autre. Marie Beaton est Puck, qu'on appelle parfois Robin Goodfellow, un lutin espiègle. Marie Livingston est une nymphe des bois. J'adore cette fête car elle est liée à la magie, aux facéties et à l'amour. C'est aussi l'époque où on allume des feux qui sont censés assurer une bonne récolte et favoriser la fertilité. En Écosse, les fermiers mènent leurs troupeaux à travers les villages et les pâturages en transportant des flambeaux qu'ils allument à un grand feu à l'occasion du solstice d'été. La tradition veut aussi que l'on saute par-dessus les charbons ardents avec l'élu de son cœur afin de prouver son amour, car c'est également la fête des amoureux.

Les quatre Marie et moi, nous avons prévu de suivre une vieille coutume dont nous avons entendu parler. Nous jeûnerons la veille du solstice et nous installerons une table dans nos appartements avec une nappe propre, du pain, du fromage et du vin, puis nous laisserons notre porte ouverte. Il paraît que l'esprit de notre futur époux nous rend visite ce jour-là. Bien sûr, pour ma part, je n'y vois pas grand intérêt puisque je sais déjà qui je vais épouser. Mais je ne peux m'empêcher de penser que la magie sera peut-être au rendez-vous : et si un autre esprit que celui de François se présentait ? Seigneur, je ne devrais pas écrire de telles fadaises. J'aime tant François. Mais je trouve plus amusant de ne pas connaître le nom de son futur mari. Quant à moi, je le connais depuis l'âge de quatre ans.

21 juin 1554

Je prends quelques instants pour écrire avant d'aller m'habiller pour le bal. Oh, nous avons eu une journée magnifique jusqu'ici ! Diane est venue en personne nous réveiller à l'aube. Elle a insisté pour que nous allions cueillir ensemble les fleurs du solstice. Nous avons ramassé du gui et des cœurs saignants, ces petites fleurs roses qui poussent au cœur de la forêt autour d'Anet, puis nous avons marché à travers champs pour dénicher du lupin, de la quintefeuille et de la bourrache. D'après Diane, si nous déposons ces fleurs sous nos oreillers, nous rêverons d'amour. Nous sommes donc sorties en hâte et nous avons passé la journée à batifoler dans les bois et les prés. Même Marie semblait un peu ragaillardie.

22 juin 1554

J'ai peine à écrire. La fête du solstice ne fut pas une soirée dédiée à l'amour et à la magie comme nous l'escomptions. Si magie il y eut, alors ce fut de la magie noire. Nous connaissons maintenant la cause du comportement étrange de Marie Fleming. C'est le signore Marcellini. Depuis des mois, il poursuit la pauvre Marie de ses assiduités et, hier soir, tandis que nous jouions à cache-cache dans les jardins labyrinthiques d'Anet, il a failli parvenir à ses fins. Il a surgi d'un buisson et s'est quasiment jeté sur Marie Beaton qu'il avait prise pour Marie Fleming. Quand il s'est aperçu de son erreur, il lui a présenté ses plus plates excuses avant de s'enfuir en courant. Marie Beaton affirme qu'elle a compris sur-le-champ de quoi il retournait : c'est peut-être ce qu'il a dit ou une lueur dans son regard, elle ne sait pas trop, mais elle s'est aperçue très vite qu'il l'avait confondue avec Marie Fleming. À présent, elle comprenait la peine et l'angoisse de son amie. Elle s'est empressée d'aller trouver Marie Fleming et l'a emmenée dans ses appartements. Là, cette dernière a fini par avouer la vérité. Puis Marie Beaton est venue me chercher ainsi que les deux autres Marie. Nous nous sommes assises à la table recouverte d'une nappe propre et chargée de pain, de fromage et de vin, mais nous avons fermé la porte car les esprits de nos prétendus bien-aimés n'étaient plus les bienvenus. Et tandis que, assises autour de la table, nous écoutions Marie raconter son histoire sordide, une pensée m'a traversé l'esprit : cet incident avait gâché la magie de la fête et perverti les valeurs qu'elle était censée célébrer.

Ainsi, quatre jeunes filles terrifiées ont appris la triste vérité : un vieil homme malsain avait transformé la vie de notre chère Marie en enfer. Heureusement, il n'était jamais parvenu à l'embrasser. En revanche, il avait eu à son encontre des gestes déplacés. C'est comme cela qu'il s'était « coupé » la main avec un « coupe-papier ». En réalité, Marie l'avait mordu ! J'ai décrété que je veillerais à le faire renvoyer sur-le-champ. Mais Marie Fleming m'a répondu que cet homme est le favori de la reine et qu'en l'occurrence, il nierait tout et la ferait passer pour une intrigante. La reine Catherine a déjà une dent contre elle à cause de sa mère.

– Le signore Marcellini, nous a-t-elle expliqué d'une voix tremblante, m'a fait jurer que cela resterait notre petit secret, et que si j'en parlais à quelqu'un, il raconterait à qui veut l'entendre que je suis une dévergondée, tout comme ma mère. Et vous savez à quel point la reine la haïssait. Oh, je suis perdue, Marie ! Vous devez me renvoyer en Écosse. C'est la seule solution.

– Jamais ! Pourquoi devriez-vous payer pour son comportement inqualifiable ?

Soudain, Marie Beaton a pris la parole, l'air pensif :

– Il faut le prendre sur le fait. Si nous pouvons témoigner de la scène, alors nous aurons une preuve irréfutable.

Le silence s'est abattu sur notre petit groupe, et en regardant tour à tour les quatre Marie assises autour de la table, j'ai songé que cette conversation était en quelque sorte mon premier conseil de guerre. J'ai écouté attentivement la proposition de Marie Beaton et j'ai soupesé ses arguments. Je ne pouvais pas agir sur une impulsion.

J'ai compris alors que les meilleurs souverains, sur les champs de bataille comme dans les salles de conseil, prennent leurs décisions en faisant appel à leur cœur autant qu'à leur intelligence. Leur sagesse et leur sens de la justice doivent toujours être influencés par leur humanité. Je me suis tournée vers Marie Fleming :

– Si nous procédons de la sorte, Marie, cela vous vaudra encore plus de désagréments et d'angoisse, du moins dans un premier temps. Qu'en pensez-vous ?

– Votre Majesté.

Les quatre Marie s'adressent rarement à moi d'une façon aussi formelle : j'ai su alors que j'étais devenue une souveraine à leurs yeux.

– J'ai eu tort.

– Non, vous n'avez pas eu tort, Marie, ai-je coupé. Vous êtes victime et non coupable. C'est son déshonneur et non le vôtre.

– Oui, Votre Majesté, je comprends, je voulais seulement dire que j'ai eu tort de ne pas vous avoir tout raconté plus tôt. Je me sens déjà mieux et maintenant, avec vous toutes à mes côtés, je pense que je peux supporter ces désagréments provisoires.

Nous nous sommes mises d'accord pour suivre les conseils de Marie Beaton : nous allons tenter de piéger le signore Marcellini.

*12 juillet 1554
Chambord*

Nous sommes de retour à Chambord. Jusqu'ici, nous n'avons pas trouvé l'occasion de mettre nos projets à exécution. Le lendemain du solstice, le signore Marcellini a été convoqué à Blois par la reine Catherine. Depuis notre retour à Chambord, nous l'avons très peu vu. Nous n'avons eu droit qu'à quelques rares leçons de musique. Et puis, l'été est à son apogée et nous passons le plus clair de notre temps dehors.

Rufus, mon vieux faucon, est malade. Il semble qu'il ait contracté une maladie depuis sa dernière mue. Il a de vilaines plaies que nous devons masser avec de l'huile d'olive pour calmer l'irritation. M. Gilbert, le fauconnier des écuries, est confiant : il pense que le vieux Rufus pourra revoler. François se montre gentil avec lui, il lui apporte les meilleurs morceaux parmi les prises de ses propres oiseaux. En outre, il me laisse emprunter son nouveau faucon, Sébastien. La fauconnerie est une de nos passions communes. Nos instincts respectifs associés à celui de nos oiseaux s'accordent à merveille quand nous chassons. Nous échangeons très peu de mots, nous communiquons essentiellement par signes. Cet après-midi, nous sommes partis tous les deux sous l'escorte de Robin MacClean. Et en faisant halte sur la crête d'une colline, j'ai songé qu'il existait une harmonie parfaite entre nous trois et les oiseaux que nous avions emmenés avec nous. Si seulement la vie pouvait toujours s'écouler en si bonne compagnie! Mais ne suis-je pas privilégiée, dans ce domaine, avec les quatre Marie à mes côtés ?

J'ai envisagé d'informer François de notre problème avec le signore Marcellini. Il serait ravi de nous aider à piéger cet odieux personnage, et j'ose ajouter qu'il pourrait nous être utile en mettant son imagination à contribution. Mais je ne peux rien lui dire par peur de le mettre en danger. Sa mère, qui se mêle toujours de ses affaires, pourrait le forcer à tout lui avouer et ruiner nos projets par la même occasion. Elle apprécie énormément le signore Marcellini. Et, oui, elle est enceinte, c'est un fait avéré. Nous en avons eu la confirmation. L'enfant est prévu pour le début du printemps prochain. La petite princesse Marguerite, qui a fêté sa première année en mai dernier, est une enfant très attachante. Elle déborde de charme, sourit sans arrêt et semble toujours de bonne humeur, contrairement au petit

Henri. Je ne comprends pas pourquoi la reine est folle de ce garçon. Bien qu'il n'ait que trois ans, il dégage déjà quelque chose de sournois.

15 juillet 1554

René le Florentin est arrivé aujourd'hui avec mon parfum ! Il est parfait. Et, à l'inverse de la reine, j'ai l'intention d'en faire profiter les quatre Marie plutôt que de le mettre sous clé. J'en ai versé un peu sur mon mouchoir avant de le leur faire passer, et leurs yeux se sont embués de larmes. Ces quatre jeunes filles ont quitté leur terre natale il y a longtemps dans le seul but de rester à mes côtés, dans ma petite cour, alors comment pourrais-je les priver de ce bout d'Écosse ?

Michel Nostradamus est de retour, lui aussi, afin de donner ses prédictions et d'établir le thème astral du futur enfant de la reine.

16 juillet 1554

J'ai l'impression que toute l'Écosse est arrivée jusqu'à moi. Mes joueurs de cornemuse sont enfin là. J'ai l'intention de donner un petit bal pour fêter leur venue, à l'occasion duquel les quatre Marie et moi, nous porterons nos nouvelles robes et notre nouveau parfum.

Nous avons prévu de piéger le signore Marcellini ce soir-là. Marie Fleming feindra un malaise et ira prendre l'air sur un balcon à l'écart. Nous y serons déjà, dissimulées derrière les grands pots des citronniers. Elle compte mettre ce plan à exécution après la deuxième gavotte : la version bourguignonne de cette danse comprend beaucoup de sauts, aussi peut-on facilement avoir le tournis.

19 juillet 1554

Le bal a été une réussite. Mais notre piège n'a pas fonctionné. Je me demande si le signore Marcellini n'aurait pas des soupçons. C'est peut-être la présence de Marie Beaton qui l'a refroidi. Je ne sais pas trop. Nous allons devoir guetter d'autres occasions.

Les musiciens étaient excellents et Robin MacClean a joué avec eux. Bien sûr, le signore Marcellini a détesté leur musique. La reine Catherine a fait une brève apparition : elle a affiché un sourire crispé tandis qu'ils jouaient. J'ai bien vu qu'elle n'aimait pas leur musique, elle non plus. Mais le roi Henri, quant à lui, a adoré. Il m'a demandé la permission « d'emprunter les cornemuses » pour distraire la délégation espagnole qui est attendue sous peu. Le bruit court qu'un mariage est sur le point d'être arrangé entre la princesse Élisabeth, voire la princesse Claude, et un membre de la famille royale espagnole. Je m'inquiète pour elles, car nous savons tous que la cour espagnole est assez rétrograde et ne jouit pas des raffinements que nous avons ici en matière d'art ou de culture. Les intrigues y sont légion, et les évêques espagnols, qui jouent trop de leur influence dans ce pays, ont la réputation d'être sévères et cruels. Il semble que les Espagnols concentrent la majeure partie de leurs efforts à l'Inquisition, la lutte contre les protestants. Ils se dévouent presque exclusivement à cette tâche.

24 juillet 1554

La cour est en émoi. Des rumeurs ont filtré concernant une prophétie de Nostradamus qui n'augure rien de bon. L'enfant à naître se porte bien et un brillant avenir lui est promis. Nostradamus affirme que c'est un garçon et, naturellement, la reine s'est beaucoup réjouie de cette nouvelle. Mais les gens de son entourage proche ont rapporté qu'elle a pressé son astrologue de lui faire d'autres révélations, et maintenant le bruit court qu'il a prédit la mort prochaine du bon roi Henri. Le quatrain qu'il a récité est assez obscur, et je ne vois pas pourquoi il signifierait forcément que le roi va mourir, mais ces vers ont déjà fait le tour de la cour. Les voici :

Le lion jeune le vieux surmontera,
En champ bellique par singulier duel,
Dans cage d'or les yeux lui crèvera,
Deux classes une puis mourir mort cruelle.

Il paraît que le roi est très contrarié, non par la prédiction de sa mort, mais parce qu'il est persuadé que les astrologues ne racontent que des inepties. Je l'ai entendu le dire en de nombreuses occasions, mais il s'inquiète beaucoup à l'idée que tout cela perturbe la grossesse de la reine, qui jusque-là se déroulait le mieux du monde. Il se montre plein de sollicitude à l'égard de sa femme. Il ne s'est même pas rendu au bal du solstice de Diane de Poitiers, car il savait que la reine en serait fâchée. J'espère qu'il ne renverra pas Nostradamus. Nous l'aimons bien. Marie Beaton, René le Florentin, Nostradamus et moi, nous avons disputé plusieurs parties de jeu de paume en cette période de beau temps.

26 juillet 1554

J'ai eu une curieuse impression aujourd'hui en rentrant dans mes appartements après ma promenade à cheval. Je soupçonne quelqu'un d'avoir déplacé mes affaires sur mon secrétaire. Naturellement, je ne laisse jamais mon journal en évidence. Je le cache dans un coffret dont moi seule possède la clé. J'y range aussi des lettres et des papiers de ma mère.

29 juillet 1554

J'ai eu la même impression aujourd'hui. J'ai tourné et retourné cette pensée dans ma tête. Est-ce le fruit de mon imagination ? Ces impressions-là sont très fugaces mais, à la longue, elles peuvent vous rendre fou. J'ignore comment on pourrait accéder à mes appartements. Le salon de réception de Janet Sinclair se trouve juste à côté. Elle voit entrer tout le monde. Minette, ma femme de chambre, est la seule à pouvoir entrer chez moi librement et la plupart du temps, elle reste dans les parages. Elle ne s'occupe pas forcément de moi mais de ma garde-robe, qu'elle couse un bouton ou qu'elle arrange une robe. Les chiens jappent à la moindre intrusion, en particulier Puce qui est d'un tempérament nerveux.

Plus tard

J'ai fait part à Marie Beaton de mes soupçons concernant mes affaires dérangées, et notamment celles qui se trouvent sur mon secrétaire. Ce meuble me suit dans tous mes déplacements. J'y suis particulièrement attachée, et bien que je conserve la majeure partie de ma correspondance privée dans mon coffret, je range certains papiers dans mes tiroirs. J'ai expliqué tout cela à Marie. Elle a réfléchi un moment, puis, sans crier gare, s'est arraché un cheveu.

– Nom de...

Je me suis mordu la langue, car il ne faut pas utiliser le nom du Seigneur en vain.

– Que faites-vous ?

Elle s'est mise à entortiller le cheveu autour de la poignée d'un des tiroirs.

– Si ce cheveu est cassé, a-t-elle répondu, vous saurez sans le moindre doute que quelqu'un a fouillé ces tiroirs.

Quelle idée lumineuse ! Marie Beaton est très maligne. Quel dommage que les femmes ne puissent pas entrer au conseil privé de la reine ! Marie Beaton aurait beaucoup à offrir.

1er août 1554

*A*h ! Le cheveu est cassé. Quelqu'un fouine donc dans mes affaires. Maintenant, il me reste à prendre le coupable sur le fait. Marie Beaton m'a suggéré de l'appâter avec un papier quelconque susceptible de chatouiller sa curiosité, quelque chose qui nous permettrait de le confondre. Je ne serais pas étonnée que ce soit Mme de Parois. Elle s'intéresse toujours de très près au prix du tissu et des broderies de mes robes, et je reçois des copies de frais. Mais Marie Beaton ne partage pas mon avis : personne ne prendrait le risque d'être découvert pour quelques lettres de créance. Il y a des moyens plus simples de s'informer de tout cela. Je suppose qu'elle a raison. J'espère que nous aurons plus de succès avec ce piège-là qu'avec celui que nous avions tendu au Signore Marcellini. Il s'est fait rare ces derniers temps, et Marie Fleming s'en porte beaucoup mieux. Nous partons pour Blois dans quelques jours. La rivière est basse, aussi ne pourrons-nous peut-être pas faire le voyage en barge. Si nous devons y aller en voiture, nous aurons droit à beaucoup de chaleur et de poussière.

7 août 1554
Blois

*H*enri est un véritable petit démon ! Il devient de plus en plus impossible chaque jour. Il a poussé la petite Marguerite en bas des marches et elle s'est fendu la lèvre. Par chance, Robin MacClean se trouvait juste à côté : il a pris Marguerite dans ses bras et l'a ramenée sur-le-champ dans la chambre des enfants. Nous avons fait venir le médecin. Mais quand Robin est revenu, il a bien sermonné le petit Henri dans un français mâtiné d'accent écossais guttural. Henri, qui aura bientôt quatre ans, s'est mis à hurler et a menacé d'appeler sa mère.

— Je vais le lui dire. Un jour, je serai roi et je vous jetterai en prison.

C'est alors que je me suis interposée :

— Henri, c'est François qui deviendra roi, et je serai sa reine. D'ailleurs, je suis déjà reine des Écossais, et je vous ordonne de cesser ces idioties et de présenter vos excuses à Robin MacClean.

Il s'est enfui en pleurnichant.

Robin MacClean m'a fait un clin d'œil :

— Merci, Votre Majesté. Je crains que cet enfant ne soit un cas désespéré.

Je crois qu'il a raison, mais j'ai bien fait d'intervenir, ne serait-ce que pour le clin d'œil. Je me suis sentie fondre. Bien sûr, j'aurais préféré que la pauvre petite Marguerite ne soit pas blessée. Mais c'est une enfant robuste. Je ne m'inquiète pas du tout pour elle.

9 août 1554

Aujourd'hui, Marie Beaton et moi, nous avons réfléchi à un moyen de prendre le fouineur sur le fait. Je lui ai confié que ma mère m'envoie parfois de fausses lettres à remettre à mon oncle François de Guise qui se mêle trop de nos affaires. Je lui ai fait jurer le secret absolu. Marie m'a suggéré de ranger une lettre récente dans l'un des tiroirs de mon secrétaire et d'attendre. J'ai objecté que le coupable n'y toucherait certainement pas : la disparition de la lettre ne passerait pas inaperçue. Marie a répondu que, bien sûr, j'avais raison, mais qu'il devait exister un moyen de le confondre. Pourtant, nous avions beau nous creuser la tête, aucune idée ne venait.

– Nous pourrions peut-être marquer le papier...

J'ai laissé ma phrase en suspens.

– Oui ! s'est écriée Marie. Vous souvenez-vous de ce que nous a dit Nostradamus au sujet de poudres invisibles lors de cette partie de jeu de paume ?

– Mais Marie, il nous faut une preuve irréfutable. Quelque chose qui laisserait des traces et nous mènerait au coupable.

– Je n'ai pas la moindre idée de ce qu'il nous faut pour mener notre projet à bien, mais Nostradamus saura sûrement, lui, a lancé Marie en se levant brusquement des coussins moelleux sur lesquels elle était assise. Allons lui demander conseil sur-le-champ.

Je partage son avis, bien que je ne sois pas certaine que Nostradamus acceptera d'être impliqué dans cette histoire. Il est au service de la reine mais rien ne l'oblige à m'aider. Enfin, nous pouvons toujours essayer.

13 août 1554

Nous sommes allées voir Nostradamus et, en effet, il existe une poudre qu'il a accepté de fabriquer pour nous. L'opération consiste à humidifier légèrement la lettre avec une éponge sans toucher l'encre, puis à y déposer un peu de poudre qui se dissout immédiatement dans le papier. Quiconque touchera la lettre aura les mains rouges pendant vingt-quatre à quarante-huit heures. Au préalable, nous aurons soin de tremper nos mains dans de la myrrhe, un liquide résineux qui provient de Palestine, afin de les protéger de la poudre et de leur éviter de virer au rouge. Nous voilà prêtes à attraper le fouineur. À mon sens, ces gens-là ne valent guère mieux que les hypocrites.

15 août 1554

Marie Beaton et moi avons désigné « l'appât », c'est-à-dire les lettres que nous placerons dans le tiroir. La première, signée de ma mère, concerne la punition du comte d'Arran et les dédommagements dont il doit s'acquitter. C'est exactement le genre de document qui pourrait intéresser un espion. Cette lettre ne contient aucune information importante, c'est pourquoi je devais la montrer à mon oncle François. La véritable lettre était quant à elle beaucoup plus détaillée et désignait mes ennemis potentiels à la cour, qui seraient susceptibles de comploter pour le bénéfice du comte d'Arran. La seconde missive, écrite de ma main et adressée à ma mère, a pour sujet Marie Fleming : j'écris qu'elle est moins triste et moins renfermée sur elle-même, mais que j'aimerais que sa mère puisse rentrer en France.

16 août 1554

L'appât est en place. Nous avons noué un cheveu autour de la poignée du tiroir. Il ne reste plus qu'à attendre.

17 août 1554

*L*e cheveu est toujours intact.

18 août 1554

*T*oujours rien de nouveau.

19 août 1554

*E*nfin ! Les deux lettres ont été remises exactement à leur place. Nous attendons.

Je fais les derniers essayages de la robe que je dois porter pour le bal de la Pléiade, le plus animé de la saison, en l'honneur des sept plus grands poètes de France. Le bal a toujours lieu à la fin du mois d'août car c'est l'époque des étoiles filantes, soit le moment rêvé pour honorer comme il se doit ces poètes. Ils ont tous répondu présent, je crois, à l'exception peut-être de Jean Antoine de Baïf, récemment victime d'une attaque de goutte. La soirée est placée sous le signe des étoiles et de la poésie. J'ai l'intention de porter une robe en damas blanc rehaussée de petites perles évoquant la constellation de la Pléiade. L'idée vient de moi. Sur ma poitrine, j'épinglerai la broche de saphirs en forme d'étoile que m'a offerte ma grand-mère, et je coifferai le béret écossais qui se porte de biais. Celui-ci est en satin blanc, orné d'une rosette de plumes d'autruche et, en lettres d'or, de mon titre en latin : *Mariae Reginae Scotorum*. C'est le costume le plus éblouissant que j'aie jamais porté, mon hommage aux plus grands poètes de France et, très probablement, d'Europe. J'attends ce bal avec impatience. J'ai demandé aux quatre Marie de ne pas porter de blanc mais, bien entendu, nous nous parfumerons toutes avec l'élixir merveilleux que René le Florentin a créé pour nous.

Le bal est dans deux jours. Il me tarde tant !

20 août 1554

Vingt-quatre heures se sont écoulées mais je n'ai vu personne avec les mains rouges.

21 août 1554

Quarante-huit heures. Non, cinquante-neuf, et toujours rien. Je commence à me préparer pour le bal. La soirée s'annonce délicieuse, mais nous nous demandons pourquoi la poudre n'a pas marché.

23 août 1554

Elle a marché ! Je n'invoque pas le nom du Seigneur en vain lorsque j'affirme : mon Dieu, quel choc et quel effroi ! Je me demande maintenant si le jeu en valait la chandelle. Je n'aurais jamais pensé que les événements prendraient ce tour-là, et au bal, qui plus est ! Ma somptueuse robe, tachée de rouge ! Le visage de ma chère Marie Fleming souillé du même rouge, son corsage ainsi que son décolleté couverts d'horribles traînées pourpres, et ce n'est pas tout ! Laissez-moi conter sans plus attendre les événements de la soirée et révéler le nom du coupable.

Les quatre Marie et moi, nous profitions du bal depuis au moins une heure. Nous avions dîné de sorbets et de gâteaux en forme d'étoile. Les poètes nous charmaient de leurs vers. Un quadrille venait d'être annoncé, ainsi qu'une gaillarde. Je n'ai rien remarqué, pas plus que les autres, bien qu'apparemment Marie Fleming ait cru croiser le regard de Marie Seton et de Marie Livingston en quittant la salle de bal. Nous avons eu droit à une ou deux autres danses et puis à la pavane padouane, la préférée des Italiens puisqu'elle vient de Padoue. Le signore Marcellini me l'avait apprise et, innocemment, je lui ai proposé d'être mon cavalier. Dans la version padouane de la pavane, le gentilhomme pose sa main droite sur la taille de la dame et la fait lentement tourner dans un sens et dans l'autre avant qu'ils ne poursuivent côte à côte pendant seize temps, le gentilhomme tenant toujours la dame par la taille. Quand la musique s'est tue, je me suis inclinée à l'intention du signore Marcellini, comme l'exige la coutume, et il est parti.

Pour la danse suivante, mon cavalier était le poète Joachim du Bellay. Tout d'abord, il faut préciser que du Bellay était arrivé dans l'après-midi et qu'au cours de notre danse, il ne m'a pas touchée. C'est tout juste si nous nous faisions face. À la fin, je me suis penchée pour faire la révérence, et j'ai vu de drôles de traînées rouges sur le corsage de ma robe. Les mains qui m'avaient enlacé la taille avaient touché les lettres ! Le fouineur n'était autre que mon cavalier lors de la pavane padouane, le signore Marcellini !

Comme je commençais à comprendre avec horreur, un cri étouffé, pareil au jappement d'un chiot quand on lui marche sur la patte, s'est élevé du balcon qui surplombait la salle de bal. Je ne crois pas que beaucoup l'aient entendu, mais j'ai vu Marie Beaton pâlir de colère. Je me suis précipitée vers le balcon. Marie Beaton m'a attirée dans un coin sombre. Là se tenaient Marie Livingston et Marie Seton qui avaient passé le bras autour de Marie Fleming. Son visage était exsangue à l'exception d'une marque rouge sur la joue, pareille à une estafilade, qui se prolongeait le long du cou jusqu'au corsage déchiré et couvert de taches pourpres. Ses lèvres, écarlates elles aussi, m'évoquaient une rose piétinée.

Nous avons échangé des regards hébétés, puis les filles se sont tournées vers moi.

– Votre robe, Marie !

Naturellement, seule Marie Beaton connaissait l'existence de la poudre rouge et du piège que nous avions tendu au fouineur, mais nous ignorions que ce dernier n'était autre que cet homme méprisable, le signore Marcellini ! À cet instant, nous l'avons vu se faufiler jusqu'au fond de la salle et se débarrasser de ses gants d'un geste furieux. Mais ses mains étaient rouge vif, elles aussi ! J'ai couru ramasser son gant qui venait de tomber à terre.

— Marie Beaton, ai-je dit d'une voix tranchante, expliquez aux autres Marie ce qu'il se passe. Je vais aller trouver la reine Catherine sur-le-champ.

Cette dernière s'était retirée un peu plus tôt dans la soirée.

— Est-ce bien raisonnable, Votre Majesté ? a demandé Marie Beaton en esquissant une révérence.

Signifiait-elle par là que ma décision était trop impulsive ? Ma mère m'aurait-elle conseillé d'attendre, de réfléchir avant d'agir ? Mais j'en étais incapable. J'étais hors de moi et je détenais toutes les preuves nécessaires. Le majordome de la reine m'a informée qu'elle se trouvait dans son cabinet lambrissé, la fameuse pièce aux deux cent trente-sept panneaux derrière lesquels elle conserve ses bijoux, ses documents officiels et, d'après certains, ses poisons.

Deux gardes étaient postés à la porte du cabinet.

— Je dois entretenir la reine d'une affaire de la plus haute importance, ai-je annoncé.

— Elle se repose.

— Je dois la voir.

Silence. Puis une voix s'est élevée derrière moi :

— N'avez-vous pas entendu la reine d'Écosse ?

J'ai fait volte-face. C'était Robin MacClean. Il m'avait suivie. Il avait l'air féroce à côté de ces gardes en culotte de soie et pourpoint brodé d'or. Leur chapeau était orné de plumes, comme le mien. Je déteste les hommes qui portent des plumes.

Ils m'ont annoncée sur-le-champ et j'ai enfin franchi les immenses portes. La reine Catherine, debout au milieu de la pièce, me tournait le dos. Elle semblait minuscule et droite comme un i. La tête baissée, elle a dit, toujours sans se retourner :

– Alors, que voulez-vous, petite reine ?

Puis elle m'a fait face, lentement. Ma main s'est crispée sur le gant que je tenais lorsque que j'ai vu sur quoi la reine était penchée à mon entrée. Ses doigts boudinés étaient maculés de rouge.

Nous n'avons guère parlé. Je lui ai tendu le gant et j'ai seulement dit :

– Je crois que ceci appartient à votre espion, le signore Marcellini. Il a aussi laissé la marque de sa concupiscence sur le visage et le décolleté de Marie Fleming.

La reine a blêmi.

Je ne peux en dire plus pour l'instant. Nous vivons des heures sombres à la cour, en ce moment.

24 août 1554

Le signore Marcellini a été renvoyé sans délai. Quant à la reine, on raconte qu'elle a fait une autre fausse couche. Espérons maintenant que ce n'est pas ma faute. Lord Erskine reste à mes côtés pour me conseiller. À cette heure, ma mère a reçu une lettre lui recommandant de suspendre Mme de Parois de ses fonctions. Lord Erskine, mon cher tuteur, me reproche de ne pas l'avoir informé tout de suite que le signore Marcellini harcelait Marie Fleming. J'aurais du mal à expliquer pourquoi je ne l'ai pas fait, disons que je trouvais la situation embarrassante. Je me souviens d'une servante, la femme de chambre qu'a remplacée Minette, qui avait eu des ennuis avec un valet. J'avais peine à le croire car la pauvre me faisait penser à une petite souris : elle était de ces gens qui ont peur de leur ombre. Jamais je n'aurais imaginé qu'elle puisse aguicher un homme, et pourtant c'est ce qu'on disait autour d'elle. Je ne voulais pas que Marie Fleming devienne l'objet de ce genre de ragots et d'accusations. Ç'aurait été trop injuste. Je ne crois pas qu'elle coure encore un risque, maintenant que tout le monde connaît la vérité au sujet du signore Marcellini. Je suis la seule personne susceptible d'être incriminée, pour avoir bouleversé la reine Catherine au point qu'elle fasse une nouvelle fausse couche. J'espère ne pas m'être attirée les foudres du roi. Il se trouvait à Anet avec Diane et il est en route à cette heure. Je dois attendre patiemment son arrivée et implorer son indulgence. Dans l'intervalle, je cherche du réconfort auprès de mon confesseur. Je suis entourée de gens bienveillants qui m'aiment et savent que j'ai agi dans l'intérêt des innocents, guidée par ma compassion et mon intégrité. C'est le moins que je puisse faire, et c'est la volonté de Dieu.

26 août 1554

*L*e roi sera là demain. Je suis si nerveuse que je prie sans arrêt. Je travaille à mes traductions de latin. J'étudie mon catéchisme. Je ne peux pas m'approcher de mon luth car il me rappelle d'affreux souvenirs. Je dois me reprendre. Je ne peux pas laisser cet horrible individu gâcher ma passion pour la musique. Ce serait lui accorder un ultime triomphe.

1er septembre 1554

*D*iane est venue me trouver la première, avant le roi. Elle m'a affirmé qu'il ne m'en veut pas le moins du monde, mais qu'il est inquiet au sujet de la reine. Apparemment, il est entré dans une colère terrible et lui a demandé pourquoi elle faisait espionner sa chère petite reine d'Écosse. Eh bien, me voilà soulagée.

2 septembre 1554

J'ai eu une entrevue avec le roi. Il m'a transmis ses plus vifs regrets pour les terribles désagréments que nous avons subis, moi et « la petite Marie Fleming ». Il m'a demandé à plusieurs reprises si elle était en bonne santé mais s'empourprait à chaque fois qu'il tentait de terminer sa phrase. Finalement, c'est Diane qui a parlé pour lui. Avec autant de tact que possible, elle a demandé :

– Le roi voudrait savoir si l'honneur de la petite Marie Fleming a été souillé d'une quelconque façon.

– Oh non, Madame.

Alors le roi s'est renfoncé dans son siège avec un soupir de soulagement.

Je suis heureuse qu'il ait pris les choses ainsi, et plus heureuse encore que Diane ait été présente. J'ai l'intention de m'éloigner de la cour pendant quelque temps. Je ne veux pas abandonner les quatre Marie, aussi ai-je envoyé une lettre à mes oncles leur annonçant que nous aimerions leur rendre visite à Meudon et voir grand-maman par la même occasion.

10 septembre 1554

La réponse est arrivée aujourd'hui : nous partons toutes pour Meudon. Je suis folle de joie. Nous allons passer deux semaines là-bas. Il y fait bon à cette époque de l'année. Nous nous consacrerons uniquement à nos jeux. Pas de leçons. Il n'y a pas de place pour emmener nos précepteurs : seuls Janet Sinclair et Lord Erskine nous accompagnerons.

16 septembre 1554
Meudon

Nous sommes à Meudon depuis trois jours, et la vie nous semble paradisiaque sans l'affreux signore Marcellini dans les parages. Les quatre Marie et moi avons réappris à aimer la musique ici. J'ai recommencé à jouer du luth, Marie Beaton et Marie Seton se sont remises à la lyre, et un domestique a rapporté le virginal, instrument privilégié de Marie Fleming et de Marie Livingston. Nous consacrons des heures entières à jouer, pour le plus grand plaisir de grand-maman et de mes oncles et tantes.

17 septembre 1554

Je continue à me préparer pour ma première communion qui aura lieu dans moins d'un mois. Grand-maman m'a donné son rosaire. C'est un grand pas pour moi. J'espère que je serai prête.

5 octobre 1554
Meudon

J'ai été rappelée à Meudon. Grand-maman est gravement malade. Elle a reçu les derniers sacrements, et me voilà assise à son chevet. Je lui tiens la main, le rosaire qu'elle m'a offert est entrelacé dans nos doigts joints. Elle a été victime d'une terrible attaque. Son visage est déformé par une étrange grimace. Tout son côté gauche est paralysé. Un de ses yeux est fermé tandis que l'autre fixe le vide. Nous ne savons même pas si elle nous entend et si elle nous reconnaît.

10 octobre 1554

Les journées interminables se succèdent. L'état de grand-maman ne s'améliore guère, mais il n'empire pas non plus. De cela au moins, nous sommes reconnaissants. Je n'ai pas le loisir d'écrire. Je passe tout mon temps assise à son chevet. Ma première communion a été repoussée. Je m'étais toujours dit que grand-maman y assisterait. Maintenant je n'ai pas le cœur à y songer.

15 octobre 1554

Aucun changement.

21 octobre 1554

Même constat. François et les quatre Marie me manquent.

15 novembre 1554

Aujourd'hui grand-maman a bougé ! Puis elle a marmonné quelques mots inintelligibles ! Nous sommes transportés de joie. Le médecin affirme que cela s'est déjà vu avec des victimes de ce genre d'attaque. Nous restons tous à son chevet afin de la veiller en permanence.

17 novembre 1554

Grand-maman a parlé. Ce matin, à onze heures, elle a prononcé mon nom. Elle a émis un drôle de son, comme si elle avait un palet de bois en lieu et place de la langue, mais tout le monde a compris mon nom. Puis elle a ouvert les yeux. La partie de son visage qui, jusqu'ici, était restée crispée a commencé à se détendre. Nous allons donner une messe d'action de grâce ce matin même, célébrée par mon oncle le cardinal et le père Mamerot.

20 novembre 1554

La guérison de grand-maman relève du miracle. Aujourd'hui, elle s'est assise dans son lit pour la première fois. Elle parle mais parfois, elle confond un mot avec un autre, et sa voix reste pâteuse.

21 novembre 1554

Devinez ce qu'a demandé grand-maman aujourd'hui ? La date de ma communion. Nous pensons célébrer l'événement le jour de mon anniversaire, à Saint-Germain-en-Laye, si grand-maman est en état de voyager.

29 novembre 1554

Grand-maman recommence à parler et à marcher. Mais elle n'a pas récupéré toute sa mobilité du côté gauche. Je suis heureuse à l'idée de revoir bientôt François et mes chères Marie.

※

7 décembre 1554
Saint-Germain-en-Laye

Un jour me sépare de mon anniversaire et voici près d'un an que j'ai commencé ce journal, que ma chère mère m'avait envoyé d'Écosse. Une fois de plus, je me trouve sur les toits du château d'où je regarde couler le fleuve en contrebas. J'ai débuté mon jeûne il y a deux heures. C'est une coutume très ancienne, et rares sont ceux qui l'observent avant leur première communion, mais j'ai décidé de m'y tenir car il paraît que jeûner purifie le cœur. Or, j'en ai besoin pour être une vraie communiante. Chaque fois que je communie, je veux me rappeler la sensation de faim car, en gardant cela à l'esprit, j'ai l'impression d'être une meilleure chrétienne ainsi qu'une bonne souveraine. J'en ai besoin car j'ai conscience que mon cœur recèle une part de ténèbres. J'ignore quelle en est précisément la cause, mais une ombre est tapie en moi. Je veux qu'elle se dissolve avant de m'agenouiller devant l'autel pour réciter mon catéchisme à mon confesseur. Quelle est donc cette part d'ombre ? Je continue à chercher. Peut-être que la faim en viendra à bout.

Plus tard

Je crois que je me suis endormie sur ce toit. Le vent s'engouffre entre les cheminées. Mon estomac vide ne cesse de gargouiller. Demain, un festin est prévu après ma communion, auquel assisteront grand-maman, mes oncles, les quatre Marie, Ronsard, mes précepteurs, François, les princesses Élisabeth et Claude et, bien sûr, le roi et la reine.

Autour de minuit,
7 décembre 1554

Je viens d'aller récupérer mon journal sur le toit. J'ai découvert l'origine de ces ténèbres insondables qui m'obscurcissent le cœur. Je crois que, d'une certaine manière, c'est la reine. Elle n'en est pas directement responsable, mais c'est mon propre égoïsme et ma réticence à son égard qui altèrent mon cœur. Lorsque j'ai compris cela, j'ai lâché mon journal et je me suis lancée à la recherche de la reine Catherine en dévalant les marches de l'escalier quatre à quatre. Je ne l'avais pas vue depuis mon retour de Meudon. Elle se trouvait dans son salon de réception. Une fois encore, j'ai ordonné à ses gardes de me laisser la voir. Et, comme ils hésitaient, j'ai à nouveau entendu, avec la même surprise, ce grasseyement écossais qui donnait des intonations rugueuses au français.

– N'avez-vous pas entendu la reine d'Écosse ?

C'était Robin MacClean qui m'avait suivie. Et qui m'avait probablement protégée tout le temps où j'étais restée sur le toit.

D'un ton radouci, j'ai lancé aux gardes :
– Dites à Sa Majesté que je la prie de me recevoir.

Et ils m'ont laissée entrer. La reine paraissait surprise. J'ai fait une profonde révérence.

D'abord, j'ai eu du mal à trouver mes mots. J'ai pensé à ma grand-mère et à son élocution pâteuse.

– Je prie humblement Votre Majesté, ma future belle-mère...

La reine en a eu le souffle coupé. Le mot « mère » devait avoir des résonances étranges dans ma bouche, mais j'ai poursuivi :

– ... de prendre place à mes côtés demain, dans la chapelle, pendant la cérémonie de ma communion, avec ma grand-mère.

Un silence de plomb s'est abattu sur la pièce. J'entendais la respiration de ses dames de compagnie. J'ai même entendu un froissement de robe tandis que l'une d'elles courait chercher ses sels.

– Vous me feriez un grand honneur, ai-je conclu d'un ton ferme.

J'ai senti que les ténèbres reculaient. Je savais à présent que j'étais vraiment prête à recevoir les sacrements. Car pour se soumettre à une force supérieure, l'autorité de Dieu, il faut bannir les mesquineries de son âme. Enfin, j'étais prête à communier, prête à gouverner, car en disant adieu à l'égoïsme, je faisais mes véritables débuts de souveraine. Je devenais enfin Marie, reine d'Écosse.

POUR ALLER PLUS LOIN

ÉPILOGUE

Le dimanche 24 avril de l'an 1558, à quelques mois de son seizième anniversaire, Marie Stuart épousa François, le Dauphin de France. La cérémonie, qui eut lieu dans la cathédrale de Notre-Dame à Paris, fut d'une splendeur inégalée. Pour signifier sa nouvelle position en tant qu'épouse du futur roi de France, Marie reçut une couronne incrustée de rubis, de perles et de saphirs. Au cours du banquet qui suivit la cérémonie, comme sa tête et son cou gracile ployaient sous le poids de la couronne, le roi Henri ordonna à son gentilhomme d'honneur de l'en délivrer. Certains y virent un présage de ce qui attendait la jeune et vulnérable reine d'Écosse bientôt prise dans la tourmente.

En novembre 1558, sept mois à peine après le mariage de Marie et de François, Marie Tudor, reine d'Angleterre, mourut sans laisser de descendance. Sa demi-sœur, Élisabeth, fut couronnée. Élisabeth n'était pas mariée. Certains estimaient qu'elle n'était pas l'héritière légitime du trône d'Angleterre dans la mesure où le divorce de son père, Jacques V, d'avec sa précédente femme n'avait jamais été reconnu par l'Église catholique. Par conséquent, le mariage de Jacques V avec la mère d'Élisabeth était considéré comme non valide. Aussi, immédiatement après la mort de Marie Tudor, le beau-père de Marie Stuart, Henri II de France, proclama-t-il que sa bru, Marie, devenait de fait la souveraine d'Écosse mais aussi d'Angleterre, ce qui ne lui attira guère la sympathie d'Élisabeth et du peuple anglais. Désormais, elle ne pouvait être ressentie que comme une usurpatrice. Cette proclamation fut le premier coup porté à un destin qui s'avèrerait funeste.

POUR ALLER PLUS LOIN

LA VIE EN 1553

Le seizième siècle de Marie Stuart fut dominé par deux influences majeures : la Renaissance et la Réforme. Ces courants modifièrent à jamais la relation de l'homme à l'univers et à la société dans laquelle il évoluait. La Renaissance marquait un renouveau intellectuel qui atteignit son apogée au cours de ce siècle. Cette période, considérée comme l'une des plus prolifiques au plan artistique en Europe de l'ouest, vit naître des artistes tels que Léonard de Vinci, Michel-Ange, Dante et Ronsard. Un vent de nouveauté souffla sur les modes de pensée et les normes philosophiques, artistiques et esthétiques. L'humain devint le centre de la plupart de ces nouvelles valeurs. L'humanité devait être célébrée par l'intermédiaire de l'art et de l'architecture. Florence, ville natale de Catherine de Médicis, devint l'une des capitales les plus en vue de la création artistique pendant la Renaissance, et Catherine elle-même introduisit à la cour française des arts tels que le ballet et des modes comme les talons hauts et le parfum.

POUR ALLER PLUS LOIN

C'est aussi au cours du seizième siècle qu'apparurent les difficultés de l'Église catholique et du Pape en tant que symboles de l'unité spirituelle en Europe. Gangrenée par la corruption et la cupidité, l'Église avait perdu beaucoup de son prestige. Cette évolution favorisa la diffusion de nouvelles idées qui mettaient l'accent sur la valeur prépondérante de l'humain et sa capacité à créer des choses pérennes sur terre. À la même époque, les réformateurs protestants en lutte contre la corruption de l'Église et ses préoccupations terre-à-terre gagnaient du terrain. Le 31 octobre 1517, Martin Luther afficha ses quatre-vingt-quinze thèses sur le porche d'une église à Wittenberg, en Allemagne, inaugurant ainsi une révolution religieuse connue sous le nom de Réforme, poursuivie plus tard avec Jean Calvin. Ces thèses critiquaient les pratiques de l'Église catholique consistant à vendre du pardon, et mettaient en lumière la spiritualité intérieure inhérente à la foi chrétienne. Les idées de réforme de Luther se répandirent à travers l'Europe et, dès 1550, le luthéranisme devint une influence majeure dans toute l'Europe du Nord. En Écosse, des hommes tels que John Knox rejetaient l'Église catholique et ses monarques, et tentèrent de convertir le pays à la foi protestante. Le protestantisme implanté par Knox en Écosse, la foi presbytérienne, permit en dernier lieu l'union du pays avec l'Angleterre où la reine Élisabeth instaura une politique de tolérance religieuse soutenue par les réformateurs.

POUR ALLER PLUS LOIN

Marie Stuart vit donc le jour à une époque où un ordre nouveau balayait l'ancien. L'art et l'humanisme prenaient une place prépondérante. La religion et ses liens avec la politique étaient remis en question. Les monarchies étaient encore puissantes, mais la culture devenait plus séculière, et le peuple ne se fiait plus à la vieille religion de l'ère médiévale. Pourtant, tous n'étaient pas prêts pour le protestantisme de la Réforme.

Henri VIII – furieux contre le Pape qui refusait de lui accorder le divorce d'avec sa femme, Catherine d'Aragon –, mais sans aller jusqu'à embrasser les théories luthériennes ou la Réforme, décida de fonder sa propre église, l'Église anglicane. Sa fille, Marie Tudor, fervente catholique, révoltée par l'attitude de son père qui avait abandonné à la fois l'Église et sa mère, redoubla d'efforts au cours de son règne pour imposer sa foi. Elle fit brûler des milliers d'hérétiques (ceux qui n'étaient pas catholiques pratiquants). Sa sœur Élisabeth, elle, lorsqu'elle fut couronnée, déclara ne pas vouloir sonder l'âme d'autrui, signifiant par là qu'elle n'avait pas l'intention de se mêler des croyances religieuses de son peuple.

Lorsque les écrits de Luther furent introduits à Paris, François Ier, père d'Henri II, les fit interdire. Mais en 1534, les critiques se multipliaient à l'encontre de l'Église catholique. Beaucoup de ces opposants étaient des disciples de Jean

Cauvin, dit Calvin, un Français exilé à Genève. Les protestants français qui le soutenaient étaient appelés Huguenots. Henri II était beaucoup plus intransigeant que son père, François Ier, néanmoins le protestantisme continua à se répandre. Ce fut Catherine de Médicis, après la mort de son mari, qui décréta que, pour des raisons pratiques, il fallait éviter toute répression. Mais les oncles de Marie Stuart, les Guise, étaient violemment opposés à la politique de conciliation préconisée par Catherine. En 1562, à Wassy, le massacre d'une congrégation huguenote par François le Balafré et ses partisans déclencha la première guerre civile en France, une guerre de religion.

Le père de Marie, Jacques V, fils de Margaret Tudor, la sœur d'Henri VIII, et son épouse, Marie de Guise, étaient catholiques et avaient refusé d'embrasser la religion anglicane. Cependant, aussi bien Marie de Guise, au cours de sa régence, que Marie Stuart, pendant la brève période de son règne, pratiquèrent la tolérance religieuse et tentèrent de parvenir à un accord avec Knox et ses partisans. On peut supposer qu'en dépit de sa foi profonde dans le catholicisme, et malgré son manque d'habileté politique et son caractère impulsif, Marie, reine d'Écosse, à l'instar d'Élisabeth, ne souhaitait pas sonder l'âme humaine. Car Marie, bien que pieuse, n'était pas intolérante. Malgré ses croyances, elle n'avait pas l'esprit dogmatique. Bien que n'étant pas d'une intelligence remarquable, elle n'était pas le jouet de ses conseillers. Mais on ne lui laissa ni le temps ni l'opportunité d'explorer réellement ses capacités et son talent de monarque. Son instinct ne la trompait pas mais elle était souvent victime de son impulsivité. Ce défaut fut aussi sa perte.

LES STUART – LES GUISE

Marie Stuart descend de deux des plus puissantes familles de France et d'Écosse, les Guise et les Stuart. Elle était âgée d'une semaine à peine lorsqu'elle fut proclamée reine d'Écosse après la mort de son père, le roi Jacques V. À l'âge de seize ans, on la maria au Dauphin de France, François, âgé de quinze ans. Par conséquent, elle reçut le titre de reine de France lorsque François II monta sur le trône après la mort de son père, Henri II. Devenue veuve à dix-huit ans, Marie épousa par la suite son cousin germain, Henri Stuart, lord Darnley, et donna naissance à un fils, Jacques VI, proclamé roi d'Écosse à l'âge de treize mois quand Marie fut forcée d'abdiquer sa couronne. Jacques VI devait par la suite être le premier représentant de la branche des Stuart à accéder au trône d'Angleterre, sous le nom de Jacques Ier.

POUR ALLER PLUS LOIN

MARIE STUART: reine d'Écosse (1542-1567) et reine de France (1559-1560), elle tenta de renverser Élisabeth Ire et de monter sur le trône d'Angleterre, mais fut emprisonnée pour trahison et décapitée le 8 février 1587.

LES PARENTS DE MARIE STUART
JACQUES STUART V: souverain d'Écosse et père de Marie, il était le fils du roi Jacques Stuart IV et de Margaret Tudor (la sœur aînée du roi d'Angleterre, Henri VIII). Jacques V mourut six jours après la naissance de sa fille Marie en 1542, sans avoir donné d'héritier mâle au trône.

MARIE DE GUISE (ou DE LORRAINE): mère de Marie, reine d'Écosse, elle était la cinquième des dix enfants de Claude, duc de Guise, et de sa femme, Antoinette de Bourbon. Elle mourut le 11 juin 1560.

LES ÉPOUX DE MARIE STUART
FRANÇOIS II: fils du roi de France Henri II et de la reine Catherine de Médicis, il épousa Marie le 24 avril 1558. De constitution fragile, il mourut deux ans plus tard, le 5 décembre 1560.

HENRI STUART, LORD DARNLEY: cousin germain et deuxième mari de Marie, il était, comme elle, le petit-fils de Margaret

Tudor. Darnley et Marie s'unirent le 29 juillet 1565 et eurent un fils, Jacques VI. Darnley mourut mystérieusement dans une explosion le 10 février 1567.

JAMES HEPBURN, COMTE DE BOTHWELL: noble écossais, il fut le troisième époux de Marie. Accusé du meurtre de son deuxième mari, lord Darnley, il fut emprisonné au Danemark. C'est là qu'il mourut en 1578, après avoir perdu la raison.

L'HÉRITIER DE MARIE STUART
JACQUES STUART: fils de Marie, reine d'Écosse, et de Henri Stuart, lord Darnley, Jacques VI fut proclamé roi d'Écosse dès son plus jeune âge, et devint le premier membre de la dynastie des Stuart à régner sur l'Angleterre.

POUR ALLER PLUS LOIN

Des Livres et des Films

À LIRE
Au temps de la Renaissance, par Karine Safa,
Journal d'un enfant, Gallimard Jeunesse

Rois et reines de France, par Jean-Michel Billioud,
Les Yeux de la découverte, Gallimard Jeunesse

À VOIR
Marie Stuart, de John Ford,
avec Katharine Hepburn et Frederic March

Diane de Poitiers de David Miller,
avec Lana Turner et Roger Moore

L'AUTEUR

Kathryn Lasky se souvient de la première fois qu'elle a entendu parler de Marie Stuart : « J'ai vu un de ses portraits dans un livre emprunté à la bibliothèque de l'école, l'année de ma sixième. Il y avait quelque chose de saisissant chez elle : sa haute taille, son visage étroit, ses yeux perçants et, dépassant de sa coiffe, quelques cheveux d'un roux incendiaire. Elle était ravissante. Elle représentait mon idéal de princesse. »

Lorsque Kathryn Lasky lisait des ouvrages historiques au sujet de femmes réputées belles, elle était souvent déçue en découvrant leur portrait, et en déduisait qu'il devait exister des critères esthétiques très différents à leur époque. « Elles avaient toutes l'air sévère, ennuyeux. Mais en regardant le portrait de Marie, j'ai pensé : "J'aimerais l'avoir pour amie." C'est ainsi que j'ai commencé à me documenter sur elle. »

Kathryn Lasky a découvert qu'en plus d'être belle, Marie était une athlète accomplie, ce qui la rendait encore plus passionnante. Elle montait à cheval, jouait au golf, chassait et maîtrisait à merveille l'art de la fauconnerie. Naturellement, il restait beaucoup de questions dont la

POUR ALLER PLUS LOIN

réponse ne se trouvait pas dans les livres d'histoire. Par exemple, qu'est-ce que cela fait d'être séparée de sa mère à quatre ans ? Fiancée avant l'âge de cinq ans ? Et élevée par une autre famille, si loin de son pays natal ? « Imaginer les réponses à ces questions, c'est ce qui m'a passionnée dans l'écriture de ce livre. »

Kathryn Lasky est l'auteur de plus d'une trentaine d'ouvrages pour adultes et pour enfants, dont deux titres pour la collection Mon Histoire : *En route vers le Nouveau Monde* et *Marie-Antoinette*.

DANS LA MÊME COLLECTION

Mon Histoire

CLÉOPÂTRE, FILLE DU NIL
JOURNAL D'UNE PRINCESSE ÉGYPTIENNE,
57-55 AVANT J.-C.

La nouvelle est arrivée. J'ai porté la tablette jusqu'à la fenêtre, brisé le sceau et lu le message. Mon père qui se cache depuis des semaines se trouve au port, prêt à embarquer pour Rome.

PENDANT LA GUERRE DE CENT ANS
JOURNAL DE JEANNE LETOURNEUR, 1418

Tant qu'il me sera possible, j'écrirai tous les jours jusqu'à ce que cette maudite guerre finisse. S'il m'arrivait malheur, j'aimerais que mes parents retrouvent ce souvenir de moi.

NZINGHA
PRINCESSE AFRICAINE, 1595-1596

Me voici dans le jardin en train d'écrire dans la langue de notre pire ennemi. Si les mots ont un pouvoir magique, ils me serviront peut-être à préparer un plan pour chasser les Portugais de notre pays.

DANS LA MÊME COLLECTION

Mon Histoire

EN ROUTE VERS LE NOUVEAU MONDE
JOURNAL D'ESTHER WHIPPLE, 1620-1621

Terre en vue! Nous nous précipitâmes sur le pont. Certes, le voyage avait duré soixante-cinq interminables journées, mais nous voilà arrivés. Ceci est le Nouveau Monde; je m'en emplis les yeux pour la première fois.

L'ANNÉE DE LA GRANDE PESTE
JOURNAL D'ALICE PAYNTON, 1665-1666

Tante Nell est revenue toute pâle du marché. Elle a entendu deux hommes discuter : la semaine dernière, sept cents personnes sont mortes de la maladie. La peste s'est bel et bien installée à Londres.

CATHERINE
PRINCESSE DE RUSSIE, 1743-1745

Mère s'est penchée : « L'impératrice Élisabeth vous a choisie, vous, ma pauvre fille ingrate, pour être la fiancée de Pierre. À moins que vous ne gâchiez vos chances, vous l'épouserez et un jour, vous régnerez tous deux sur la Russie. »

DANS LA MÊME COLLECTION

Mon Histoire

MARIE-ANTOINETTE
PRINCESSE AUTRICHIENNE À VERSAILLES, 1769-1771

J'ai à peine posé le pied dans la salle de réception que maman s'est précipitée vers moi. Elle m'a écrasée sur sa poitrine et m'a murmuré : « Antonia, tu vas te marier ! Tu vas devenir reine de France ! »

SOUS LA RÉVOLUTION FRANÇAISE
JOURNAL DE LOUISE MÉDRÉAC, 1789-1792

En écrivant ces lignes, je crois encore respirer l'odeur forte qui a enveloppé le centre de la ville. Elle provient de la Bastille, prise cet après-midi. Qui aurait pu s'imaginer que la fureur populaire s'attaquerait à un tel monument ?

LE SOURIRE DE JOSÉPHINE
JOURNAL DE LÉONETTA, 1804

Cela s'est passé si vite que je n'ai pas eu le temps vraiment d'être impressionnée avant d'arriver devant... l'Impératrice !

DANS LA MÊME COLLECTION

Mon Histoire

PENDANT LA FAMINE, EN IRLANDE
JOURNAL DE PHYLLIS MCCORMACK, 1845-1847

Horrible, la pourriture a réduit en pourriture presque toutes les pommes de terre ! "La maladie nous aura tous" a dit P'pa. J'ai eu la chair de poule. Qu'est-ce qu'on va devenir ? Sûr que si on paie pas notre loyer, on sera jetés dehors.

JE SUIS UNE ESCLAVE
JOURNAL DE CLOTEE, 1859-1860

Liberté, c'est peut-être le premier mot que j'ai appris toute seule. Ici, les gens, ils prient, ils chantent pour la liberté. Mais c'est un mot qui me parle pas, que j'ai encore jamais pu voir.

LE TEMPS DES CERISES
JOURNAL DE MATHILDE, 1870-1871

Il y a quinze ans, une femme déposait aux Enfants-Trouvés un bébé de quelques jours. J'ai donc quinze ans. Et tant de rêves, tant de rêves dont je n'ose même pas parler.

DANS LA MÊME COLLECTION

Mon Histoire

S.O.S. TITANIC

JOURNAL DE JULIA FACCHINI, 1912

Le capitaine a posté des vigies à l'avant, avec mission de guetter les glaces à la dérive, ou le moindre signe du Titanic. *Comment imaginer qu'à quelques milles d'ici un navire aussi énorme soit en perdition?*

J'AI FUI L'ALLEMAGNE NAZIE

JOURNAL D'ILSE, 1938-1939

Si tout va bien, nous partirons bientôt pour Cuba! Hitler a donné sa bénédiction à la décision de son ministre Goebbels de laisser les Juifs quitter librement l'Allemagne en échange de tous leurs biens.

DANS PARIS OCCUPÉ

JOURNAL D'HÉLÈNE PITROU, 1940-1945

C'est une honte: Pétain a appelé les Français à « collaborer avec les Allemands ». Et papa est prisonnier de ces gens avec qui il faudrait « collaborer »!

CRÉDITS PHOTOGRAPHIQUES

Couverture [campanule] :
© Corbis / Gunter Marx Photography

Mise en pages : Karine Benoit

Loi n° 49-956 du 16 juillet 1949
sur les publications destinées à la jeunesse

N° d'édition : 148645
Dépôt légal : mars 2007
ISBN : 978-2-07-061203-1

Imprimé en Italie par LegoPrint